Psicología de las emociones humanas

Iván Salvaterra

Ediciones Afrodita

Índice:

Capítulo 1
¿Qué entendemos por emociones?

Hablar de emociones es tratar un tema muy amplio, cuyo estudio se ha realizado en años relativamente recientes. De hecho, aunque siempre han impregnado nuestra vida cotidiana y tienen una extraordinaria importancia en el campo de los procesos psicológicos, solo Darwin, a partir de mediados del siglo XIX, describió las expresiones emocionales.

Sus observaciones señalaron la similitud entre humanos y animales y la universalidad de algunos de ellos. El núcleo de la teoría evolutiva considera las emociones de los procesos adaptativos que nos permiten evaluar el peligro (u otras situaciones), actuar, comunicarnos con los congéneres y adaptarnos al entorno de la mejor manera posible. Así que las emociones son la clave para proporcionar información y asegurar la supervivencia del individuo, asumiendo un valor sumamente positivo.

Qué son las emociones

En primer lugar, intentemos definirlas: las emociones son fenómenos complejos que incluyen una interacción entre factores subjetivos y objetivos, mediados por sistemas neurales/hormonales, que pueden dar lugar a experiencias afectivas como sensaciones de activación y placer/displacer o pueden generar experiencias cognitivas y conducen a una acción que puede ser expresiva, intencionada, adaptativa o disfuncional.

Se pueden clasificar como emociones primarias y entre estas tenemos la alegría, la tristeza, la ira, el asco, el miedo (o la ansiedad), la sorpresa, que son compartidas por personas pertenecientes a diferentes culturas y por lo tanto biológicamente arraigadas. De hecho, según la teoría diferencial, el infante posee, desde el nacimiento, un cierto número de emociones fundamentales y diferenciadas, basadas en programas innatos y universales. Algunas emociones, por lo tanto, ya están presentes al nacer, mientras que otras emergen cuando, en el curso del desarrollo, tienen que realizar una tarea adaptativa. Estas últimas son emociones complejas que incluyen: vergüenza, culpa, remordimiento, envidia, que están condicionados y moldeados por la experiencia. La socialización y la adquisición de las primeras reglas que impone el entorno como formas idóneas de manifestar las emociones, hace que éstas pierdan su conexión inicial con las expresiones fisiológicas y se vuelvan cada vez más determinadas socialmente.

Para qué sirven las emociones

Las funciones que realizan implican organizar acciones, por ejemplo, motivando nuestro comportamiento y preparándonos para la acción. El impulso de actuar de determinadas emociones suele ser biológicamente innato porque evolutivamente nos permiten actuar con rapidez en situaciones importantes, especialmente cuando no tenemos tiempo para reflexionar sobre las cosas (por ejemplo, cuando tenemos que salvarnos de un peligro inminente).

Las emociones se comunican a otros (y los afectan), incluso a través de expresiones faciales (que son aspectos innatos de las emociones) que envían mensajes mucho más rápido que al usar palabras. También se comunican con nosotros mismos, ya que las reacciones emocionales pueden darnos información importante sobre una situación, pueden ser señales o alarmas de que algo está pasando, como sensaciones corporales (viscerales) que pueden actuar como intuición (por ejemplo, el aumento del ritmo cardíaco en un callejón oscuro). Esto puede ser útil cuando nuestras emociones nos llevan luego a verificar los hechos.

Pero cuidado, a veces tratamos las emociones como si fueran hechos del mundo: cuanto más fuerte es la emoción, más fuerte es la convicción de que nuestra emoción se basa en un hecho (" si me siento inseguro, soy un incompetente", "si me siento solo cuando me dejan solo, no debo quedarme solo", "si de algo me siento seguro, esa cosa está bien", "si tengo miedo, debe haber peligro", "lo amo, entonces él debe amarme también). Si creemos que nuestras emociones representan la realidad, podemos usarlas para explicar nuestros pensamientos y acciones y esto puede ser peligroso si nos empujan a ignorar los hechos, basando la interpretación de la realidad solo en información emocional.

Capítulo 2
Emociones problemáticas
y psicoterapia

Este aspecto es sólo uno de los problemas tratados en la terapia relacionada con las emociones. De hecho, muchas dolencias implican problemas cuando la persona evalúa el peligro o el daño de una situación en función de la emoción que siente. Pero, muy a menudo, esta emoción es consecuencia (y no causa) de pensamientos catastróficos o terroríficos que determinan la propia emoción.

También hay otras dificultades que surgen en la terapia: el manejo emocional es un pedido común y frecuente de los pacientes. Esta falta de capacidad puede deberse a varios factores como aspectos biológicos que dificultan la regulación de las emociones (disfunciones hormonales), la falta de un modelo cuando nunca nadie ha enseñado a regularlas, el hecho de que el entorno haya reforzado el ser muy emocional y la inestabilidad del estado de ánimo. Además, existen mitos comunes sobre las emociones (falsas creencias) que dificultan la capacidad de regular las emociones, tales como: "hay una forma correcta de sentir en cada situación", "dejar que los demás noten que me siento mal es una debilidad", "las emociones negativas son dañinas y destructivas", "emocionarse es estar fuera de control", "algunas emociones no tienen sentido". Estos y otros mitos deben ser desafiados, ya que llevan a la persona a manejar la emoción en base a creencias erróneas o catastróficas.

El enfoque cognitivo conductual y los desarrollos de tercera generación (Terapia Centrada en la Compasión, Terapia de Aceptación y Compromiso, etc.) se han centrado desde hace tiempo en cómo una buena intervención sobre la regulación y excitación emocional del paciente es fundamental para permitir el buen éxito de la terapia. Evaluar y comprender la familiaridad de cada paciente con sus emociones, así como las creencias que ha desarrollado sobre ellas, al tiempo que identificar estrategias de manejo y creencias disfuncionales es fundamental para modificarlas y promover otras más adaptativas, aumentando la capacidad del paciente para "quedarse con" y aceptar sus emociones.

Regulación emocional en el desarrollo

La competencia de regulación emocional debe adquirirse en la primera infancia, cuando la interacción entre niños y cuidadores es una fuente de aprendizaje para el conocimiento de las emociones y para su gestión. El constructor de "regulación emocional" puede describirse como el conjunto de procesos extrínsecos e intrínsecos de un individuo que presiden el seguimiento, evaluación y modificación de las reacciones emocionales de acuerdo con el logro de sus metas. O el proceso por el cual se inician, evitan, inhiben, mantienen y modulan en frecuencia, forma, intensidad o duración los estados internos, procesos fisiológicos, metas y comportamientos relacionados con una emoción, con el fin de alcanzar sus metas.

El hecho de que los cuidadores no respondan con sensibilidad a las necesidades emocionales del niño y sirvan como un modelo de desarrollo apropiado contribuye, por lo tanto, a perturbaciones significativas en algunas áreas del desarrollo emocional, particularmente en la capacidad de los niños para autorregularse emocionalmente. El niño que experimenta irregularidades en las reacciones emocionales de los padres, arrebatos de ira desmotivados, que vive en un ambiente familiar emocionalmente desorganizado, con severas deficiencias afectivas, es incapaz de construir un patrón emocional coherente durante el desarrollo, cuya base es la seguridad en el vínculo de apego necesario para el crecimiento adaptativo y para el surgimiento de una estructura emocional estable, que cuando falta puede causar problemas psicológicos. Por cierto, así que analicemos en los siguientes capítulos emoción por emoción:

- Ansiedad
- Sentimiento de culpa
- Asco
- Ira
- Tristeza
- Timidez
- Vergüenza
- Empatía
- Envidia
- Celos

Capítulo 3
Ansiedad y trastornos de ansiedad

Qué es la ansiedad

La ansiedad es un término ampliamente utilizado para indicar un conjunto de reacciones cognitivas, conductuales y fisiológicas que se producen tras la percepción de un estímulo considerado amenazante y ante el que no nos consideramos suficientemente capaces de reaccionar.

Sin embargo, la ansiedad en sí misma no es un fenómeno anormal. Es una emoción básica, que implica un estado de activación del organismo cuando una situación es subjetivamente percibida como peligrosa.

Síntomas de ansiedad:

• Síntomas cognitivos de la ansiedad

Desde un punto de vista cognitivo, los síntomas típicos de la ansiedad son:

- la sensación de vacío mental
- una creciente sensación de alarma y peligro
- la inducción de imágenes, recuerdos y pensamientos negativos
- la implementación de conductas protectoras cognitivas
- la marcada sensación de ser observado y de estar en el centro de la atención de otras personas.

- **Síntomas conductuales de la ansiedad**

En la especie humana, la ansiedad se traduce en una tendencia inmediata a la exploración del entorno, en la búsqueda de explicaciones, tranquilidad y vías de escape. La principal estrategia instintiva para el manejo de la ansiedad es también la evitación de la situación temida (estrategia "más vale prevenir que curar").

También son frecuentes las conductas protectoras (estar acompañado, tomar ansiolíticos según necesidad, etc.), asertivas y de sumisión.

- **Síntomas físicos de la ansiedad**

Además, la ansiedad suele ir acompañada de manifestaciones físicas y fisiológicas como:

- temblor
- sudor
- palpitación
- aumento del ritmo cardíaco
- mareo
- náuseas
- hormigueo en las extremidades y alrededor de la boca
- desrealización y despersonalización.

A continuación, describiremos mejor algunos síntomas físicos de la ansiedad, cómo se manifiestan y cuáles son las posibles consecuencias:

- **Palpitaciones**

Es necesario, en la medida de lo posible, distinguir diferentes condiciones atribuibles a las palpitaciones: palpitaciones del corazón, taquicardia y arritmia.

Este último, por ejemplo, a menudo ocurre con latidos cardíacos irregulares incluso en personas sanas, durante sus actividades diarias y es más probable que aparezca cuando la persona está ansiosa.

Puede ser inducida por una serie de agentes como la nicotina, la cafeína, el alcohol y el desequilibrio electrolítico.

Muchas veces la interpretación que se le da a este síntoma físico durante un estado de ansiedad está ligada a la idea de tener un infarto. Esto incluso si en la base hay una mayor excitabilidad electrofisiológica del músculo cardíaco que no tiene consecuencias negativas desde el punto de vista médico.

- **Dolor de pecho**

Es un síntoma físico que puede ocurrir durante períodos de alta ansiedad en ausencia de un trastorno cardíaco.

Por lo tanto, puede derivar de diferentes fuentes, como la respiración torácica y los trastornos gastrointestinales (p. ej., reflujo esofágico o espasmos esofágicos). Cuando la persona interpreta catastróficamente las causas benignas del dolor, es posible que aumente el estado de ansiedad, llegando también al pánico.

Pero en realidad sabemos que cuando surge un estado de ansiedad muy alto, el cuerpo segrega adrenalina lo que provoca que el ritmo cardíaco aumente y el cuerpo trabaje más rápido. Es una forma evolutiva de preparar mejor a la persona para manejar situaciones peligrosas.

Si la adrenalina dañara el corazón, ¿cómo podría haber sobrevivido el hombre hasta el día de hoy? Por tanto, la aceleración de los latidos del corazón por la ansiedad no provoca infartos; debe haber algo patológico para que esto suceda.

- **Sensación de falta de aire**

La respiración es una acción que funciona independientemente de lo que una persona piense o haga, es controlada automáticamente por el cerebro. De hecho, los controles cerebrales también funcionan cuando se intenta dejar de respirar.

La sensación de dificultad para respirar es muy común en los trastornos de ansiedad y resulta de la respiración torácica (pectoral) prolongada y repetida.

De hecho, una respuesta física al estrés es el dominio relativo de la respiración torácica sobre la abdominal, lo que sin embargo conduce a la fatiga de los músculos intercostales, que se tensan y tienen espasmos que provocan molestias y dolores pectorales al inducir la falta de sensación de respiración.

Si uno no comprende que estas sensaciones son inducidas por la respiración torácica, parecerán repentinas, aterradoras, lo que llevará a la persona a una mayor alarma.

• **Náuseas o molestias abdominales**

El estómago se contrae y se relaja de forma regular y constante. Cuando se altera este ritmo, se producen náuseas. Varios factores pueden provocar esta sensación física como la ingestión de determinados alimentos, los trastornos vestibulares, la hipotensión postural o incluso estímulos previamente neutros.

La función de nutrición y digestión son las primeras en detenerse durante un estado de alerta, pero si la persona malinterpreta las náuseas como una señal de vómitos inminentes, es más probable que la ansiedad aumente y provoque pánico.

Pero afortunadamente, las náuseas que conducen a los vómitos rara vez ocurren, es más probable que las personas sobrestimen esta eventualidad.

• **Temblores y sudoración**

Los primeros son movimientos involuntarios, oscilatorios y rítmicos de una o más partes del cuerpo, provocados por la contracción alterna de movimientos musculares opuestos.

La sudoración, por otro lado, ayuda a controlar la temperatura corporal, que aumenta cuando se ha estado ansioso.

De hecho, el estrés estimula el sistema nervioso simpático con un aumento de los niveles de adrenalina y noradrenalina que estimulan un aumento del metabolismo, aumentando así la producción de calor y la consiguiente sudoración útil para bajar la temperatura corporal.

Una vez más, cuanto mayor sea la atención y la catastrofización de estos síntomas físicos, más probable es que aumenten en intensidad.

- **Mareo**

El mareo es producto de la ilusión de movimiento de uno mismo o del entorno.

Consisten en sentimientos de confusión o mareo, vértigo o aturdimiento.
Cuando la información del sistema de equilibrio (sistema visual, somatosensorial y vestibular) choca, se produce mareo.

Los problemas de equilibrio y los síntomas físicos asociados (inestabilidad, ansiedad, sudor frío, palpitaciones) también pueden ocurrir como resultado de la ansiedad, la hiperventilación y las reacciones de estrés comunes, como apretar la mandíbula y los dientes. Obviamente, la intensidad del mareo puede aumentar si se presta más atención a estas sensaciones.

- **Desrealización o despersonalización**

La despersonalización (sensación de irrealidad) o despersonalización (sentirse desprendido de uno mismo), son experiencias que pueden ser inducidas por el cansancio, la privación del sueño, la meditación, la relajación o el uso de sustancias, alcohol y benzodiazepinas.

También hay otras causas más sutiles vinculadas a períodos cortos de privación sensorial o reducción de entradas sensoriales, como mirar un punto en una pared durante 3 minutos.

Lo curioso es que, incluso aquí, el círculo vicioso se establece en función de la interpretación que se dé a estos síntomas físicos. Cuando se experimenta una despersonalización o desrealización (experiencia que ha vivido un tercio de la población) cuanto más se asusta una persona, cuanto más respira, más se carga de oxígeno (eliminando dióxido de carbono) más aumenta esa sensación.

- **Miedo al miedo**

Los síntomas físicos de la ansiedad suelen asustar generando círculos viciosos, o el llamado "miedo al miedo". Sin embargo, dependen de que situación esté viviendo. Suponiendo que se encuentre en una situación de peligro real, el organismo ansioso necesita la máxima energía muscular disponible, para escapar o atacar con la mayor eficacia posible, evitando el peligro y garantizando la supervivencia.

La ansiedad, por tanto, no es solo una limitación o un trastorno, sino que es un recurso importante. De hecho, es una condición fisiológica que es eficaz en muchos momentos de la vida para protegernos de riesgos, mantener un estado de alerta y mejorar el rendimiento (por ejemplo, bajo examen).

Sin embargo, cuando la activación del sistema de ansiedad es excesiva, injustificada o desproporcionada con respecto a las situaciones, nos encontramos ante un trastorno de ansiedad, que puede complicar mucho la vida de una persona y hacer que sea incapaz de afrontar incluso las situaciones más habituales.

Desórdenes de ansiedad

Los trastornos de ansiedad conocidos y claramente diagnosticables son los siguientes:

*	Fobia específica (avión, espacios cerrados, arañas, perros, gatos, insectos, etc.)
*	Trastorno de pánico y agorafobia (miedo a estar en situaciones de las que no hay escape rápido)
*	Trastorno obsesivo compulsivo
*	Fobia social
*	Trastorno de estrés postraumático
*	Trastorno de ansiedad generalizada

Estos trastornos se encuentran entre los más frecuentes en la población, generan gran invalidez y muchas veces no responden bien a los tratamientos farmacológicos. Por tanto, es necesario intervenir de forma eficaz sobre ellos con intervenciones psicoterapéuticas breves dirigidas de orientación cognitivo-conductual, que han demostrado una alta eficacia en cientos de estudios científicos.

Cura y remedios para la ansiedad

Cuando la ansiedad se vuelve extrema e incontrolable, dando lugar a uno de los trastornos de ansiedad antes mencionados, se necesita una intervención profesional que pueda ayudar a la persona a manejar los molestos e incapacitantes síntomas.

Psicoterapia para la ansiedad

La psicoterapia para los trastornos de ansiedad es, sin duda, el principal tratamiento y del que es difícil pasar por alto. En particular, la terapia cognitivo conductual ha mostrado índices de eficacia muy elevados y se ha consolidado en la comunidad científica como la estrategia de primera elección en el tratamiento de la ansiedad y sus trastornos.

La intervención suele durar unos meses, con sesiones semanales, y es muy raro que la realicen los servicios públicos.

Por ello es necesario acudir a un centro privado serio de psicoterapia cognitivo conductual, que garantice una alta calidad y seriedad de los profesionales.

Terapia farmacológica de la ansiedad

Los fármacos ansiolíticos, especialmente las "famosas" benzodiazepinas, se utilizan mucho, pero sólo son útiles si se utilizan ocasionalmente y durante períodos muy breves. De lo contrario, presentan grandes problemas de adicción y abstinencia que empeoran la situación en lugar de mejorarla.

Incluso los fármacos antidepresivos de última generación son fáciles de prescribir con función ansiolítica en el tratamiento de los trastornos de ansiedad. Tienen cierta eficacia, que sin embargo suele perderse al suspender la terapia, además de presentar muy a menudo efectos secundarios (somnolencia, disfunción sexual, problemas gastrointestinales, aumento de peso, etc.).

Remedios de otra naturaleza

La ansiedad, especialmente cuando no llega a los niveles extremos propios de un verdadero trastorno de ansiedad, se puede controlar con técnicas de relajación, estrategias de meditación mindfulness y remedios naturales, como la valeriana u otros productos herbales calmantes. Estos remedios para la ansiedad pueden ser de ayuda y coadyuvantes de un tratamiento psicoterapéutico, pero son poco concluyentes.

Otros problemas relacionados con la ansiedad

También existen otro tipo de problemas de ansiedad, que no forman parte de los trastornos de ansiedad en sentido estricto. Por ejemplo, miedo a volar, miedo a conducir, trastorno de ansiedad por separación, que suele asociarse a ataques de pánico y/o agorafobia. O la ansiedad escénica, muy presente en los trastornos sexuales, pero también en la fobia social y en algunos trastornos de la personalidad.

Ataques de pánico: síntomas y tratamiento del trastorno de ansiedad más común

¿Qué son los ataques de pánico?

Los ataques de pánico son episodios de miedo repentino e intenso o una escalada rápida de la ansiedad normalmente presente.

Se acompañan de síntomas somáticos y cognitivos. Por ejemplo, palpitaciones, sudoración repentina, temblor, sensación de ahogo, dolor en el pecho, náuseas, mareos, miedo a morir o volverse loco, escalofríos o sofocos.

Quienes han experimentado ataques de pánico los describen como una experiencia terrible, a menudo repentina e inesperada, al menos la primera vez. Es obvio que el miedo a un nuevo ataque se vuelve inmediatamente fuerte y dominante.

El episodio único, por lo tanto, resulta fácilmente en un verdadero trastorno de pánico, más por "miedo al miedo" que por cualquier otra cosa. Rápidamente la persona se ve envuelta en un tremendo círculo vicioso que muchas veces conduce a la llamada " agorafobia ". Es decir, la ansiedad por estar en lugares o situaciones de los que sería difícil o vergonzoso alejarse, o donde no se puede disponer de ayuda, en caso de un ataque de pánico inesperado.

Con el miedo a los ataques de pánico, se vuelve difícil y ansioso salir solo de la casa, viajar en tren, autobús o conducir un automóvil, pararse en una multitud o en una cola, etc.

La evitación de todas las situaciones potencialmente ansiosas se convierte en la modalidad predominante y el paciente se convierte en esclavo del pánico. A menudo obliga a todos los miembros de la familia a adaptarse en consecuencia, a nunca dejarlo solo y acompañarlo a todas partes. El resultado es una sensación de frustración que proviene de ser "grande y gordo" pero dependiente de los demás, lo que puede conducir a una depresión secundaria.

Características del trastorno de pánico

La característica esencial del trastorno de pánico es la presencia de ataques recurrentes e inesperados. Estos son seguidos por al menos 1 mes de preocupación persistente por tener otro ataque de pánico.

La persona se preocupa por las posibles implicaciones o consecuencias de los ataques de ansiedad y cambia su comportamiento como consecuencia de los ataques. Principalmente evita situaciones en las que teme que puedan ocurrir.

El primer ataque de pánico generalmente es inesperado, es decir, se manifiesta "de la nada", por lo que el sujeto se asusta enormemente y acude con frecuencia a urgencias. Entonces pueden volverse más predecibles.

Diagnóstico del trastorno de pánico

Se requieren al menos dos ataques de pánico inesperados para el diagnóstico, pero la mayoría de las personas tienen muchos más.

Las personas con trastorno de pánico muestran preocupaciones o interpretaciones características sobre las implicaciones o consecuencias de los ataques de pánico. La preocupación por el próximo ataque o sus implicaciones a menudo se asocia con el desarrollo de conductas de evitación. Estos pueden determinar una Agorafobia real, en cuyo caso se diagnostica Trastorno de Pánico con Agorafobia.

Los ataques suelen ser más frecuentes en momentos de estrés. De hecho, algunos eventos de la vida pueden actuar como factores desencadenantes, incluso si no indican necesariamente un ataque de pánico. Entre los eventos vitales precipitantes más comúnmente informados se encuentran:

* matrimonio o convivencia
* el rompimiento
* la pérdida o enfermedad de una persona importante
* ser víctima de algún tipo de violencia
* problemas económicos y laborales

Los primeros ataques suelen ocurrir en situaciones agorafóbicas (como conducir solo o viajar en un autobús urbano) y, a menudo, en algún contexto estresante.

Sucesos estresantes, situaciones agorafóbicas, condiciones climáticas de calor y humedad, las drogas psicoactivas pueden, de hecho, dar lugar a sensaciones corporales anormales. Estos pueden interpretarse de manera catastrófica, aumentando el riesgo de desarrollar ataques de pánico.

Síntomas del ataque de pánico

El ataque de pánico tiene un inicio repentino, alcanza su punto máximo rápidamente (generalmente en 10 minutos o menos) y dura unos 20 minutos (pero a veces mucho menos o más).

Los síntomas típicos de los ataques de pánico son:

• Palpitaciones/taquicardia (latidos cardíacos irregulares y pesados, temblores en el pecho, sensación de latidos fuertes en la garganta)
• Miedo a perder el control o volverse loco (por ejemplo, miedo a hacer algo vergonzoso en público o miedo a huir cuando el pánico lo ataca o a perder los estribos)
• Sensaciones de mareo, inestabilidad (mareos y vértigo)
• Temblores finos o grandes
• Transpiración
• Sensación de asfixia
• Dolor o malestar en el pecho
• Sentimientos de desrealización (percepción del mundo exterior como extraño e irreal, sentimientos de mareo y desapego) y despersonalización (percepción alterada de uno mismo caracterizada por un sentimiento de desapego o alienación de los propios procesos de pensamiento o del cuerpo)
• Escalofríos
• Sofocos
• Parestesia (sensación de entumecimiento u hormigueo)
• Náuseas o molestias abdominales
• Sensación de asfixia (opresión o nudo en la garganta)

Intensidad y evolución de los síntomas de pánico

No todos los síntomas son necesarios para un ataque de pánico. Hay muchos ataques que se caracterizan solo o en particular por algunos de estos síntomas. La frecuencia y la gravedad de los síntomas varían ampliamente con el tiempo y las circunstancias.

Por ejemplo, algunas personas tienen ataques moderadamente frecuentes (p. ej., una vez a la semana), que ocurren regularmente durante meses. Otros informan series cortas de ataques que son más frecuentes, quizás con síntomas menos intensos (p. ej., todos los días durante una semana). Estos se intercalan con semanas o meses sin ataques o con ataques menos frecuentes (p. ej., dos cada mes) durante muchos años.

También existen los llamados ataques paucisintomáticos, muy comunes en individuos con Trastorno de Pánico, que son ataques en los que solo se presenta una parte de los síntomas del pánico, sin llegar a estallar en un ataque real. Sin embargo, la mayoría de las personas con síntomas paucisintomáticos han tenido ataques de pánico completos, con todos los síntomas clásicos, en algún momento durante el curso del trastorno.

Preocupaciones asociadas con el ataque de pánico

Durante un ataque de pánico, pensamientos catastróficos automáticos e incontrolados llenan la mente de la persona. Por lo tanto, tiene dificultad para pensar con claridad y teme que tales síntomas sean realmente peligrosos. Algunos temen que los ataques indiquen la presencia de una enfermedad potencialmente mortal no diagnosticada (p. ej., enfermedad cardíaca, epilepsia). A pesar de los repetidos exámenes médicos y la tranquilidad, pueden seguir temerosos y convencidos de que son físicamente vulnerables.

Otros temen que los síntomas de un ataque de pánico indiquen que se están "volviendo locos" o perdiendo el control, o que son emocionalmente débiles e inestables.

Tratamiento del trastorno de pánico

En el tratamiento de los ataques de pánico con o sin agorafobia y de los trastornos de ansiedad en general, la forma de psicoterapia que la investigación científica ha demostrado más eficaz es la " cognitivo-conductual".

Es una psicoterapia relativamente corta, generalmente semanal, en la que el paciente juega un papel activo en la solución de su problema. Junto con el terapeuta, se enfoca en aprender las formas de pensamiento y comportamiento que son más funcionales para el tratamiento de los ataques de pánico. Esto es para romper los círculos viciosos del desorden.
Para el pánico y la agorafobia, un tratamiento basado en la terapia cognitivo conductual es muy recomendable y de primera elección. Básicamente, está contraindicado depender de medicamentos u otras formas de psicoterapia sin emprender esta forma de tratamiento. De hecho, toda la comunidad científica ha demostrado ser la más eficaz para el tratamiento del trastorno de pánico.

Pasos fundamentales de la psicoterapia:

Técnicas cognitivas

En terapia se utilizan estrategias verbales para modificar pensamientos catastróficos automáticos (p. ej., me dará un infarto, me desmayaré, etc.). Esto significa que con el tiempo la persona aprende a no tener miedo a las sensaciones físicas de ansiedad. No tenerles miedo, aprender a convivir con ellos simplemente esperando a que pasen, evita la escalada de ansiedad que lleva al pánico.

Técnicas conductuales

Las estrategias verbales se asocian a técnicas encaminadas a modificar las conductas problemáticas que mantienen el trastorno. En primer lugar, es necesario contrarrestar gradualmente la tendencia a evitar las situaciones temidas (es decir, aquellas de las que no existe una vía de escape inmediata). También sirve para ayudar al sujeto a exponerse a las sensaciones físicas que lo alarman (por ejemplo, taquicardia) a través de ejercicios en sesiones y la reanudación de actividades que se evitan. Por ejemplo, acompañar al paciente por un camino donde tomar un café, subir corriendo las escaleras, hacer deporte, etc., debe volver a formar parte de su vida. Finalmente, es necesario abandonar paulatinamente las llamadas "conductas protectoras", que otorgan una seguridad ilusoria. En primer lugar, ir acompañado de otros, pero también llevar consigo las gotas de ansiolítico, la botella de agua o el teléfono móvil.

Técnicas experienciales

Por último, pueden ser de utilidad las técnicas de relajación y especialmente las estrategias que aumenten la capacidad del sujeto para aceptar las emociones negativas. En particular, la meditación mindfulness y las técnicas experienciales propias de la Terapia de Aceptación y Compromiso (ACT).

Otras intervenciones

En primer lugar, es necesario recuperar la libertad de moverse de forma independiente y obtener una sensación de dominio sobre el fenómeno del pánico. La terapia puede entonces proceder trabajando sobre los elementos históricos que han hecho vulnerable al sujeto. Por eso, es importante la reconstrucción de la historia de vida, de los lazos significativos, de las relaciones sentimentales y sociales. Se examina el trauma, incluida la primera experiencia de un ataque de pánico.

Medicamentos para los ataques de pánico

El tratamiento farmacológico del pánico y la agorafobia, aunque muchas veces desaconsejable (al menos como tratamiento único), se basa básicamente en dos clases de fármacos: las benzodiazepinas y los antidepresivos, a menudo utilizados en combinación.

En las formas leves, la prescripción de benzodiazepinas solas puede ser suficiente como cura temporal, pero de difícil resolución. Las moléculas más utilizadas son alprazolam, etizolam, clonazepam, lorazepam. Estas drogas, sin embargo, en el caso de ataques de pánico y agorafobia, corren el riesgo de generar una fuerte adicción y mantener el trastorno. Esto es especialmente cierto si la psicoterapia cognitiva conductual no se lleva a cabo en paralelo.

Los tricíclicos -ATC- (p. ej., clorimipramina, imipramina, desimipramina), los inhibidores de la monoaminooxidasa (IMAO) y especialmente los inhibidores selectivos de la recaptación de serotonina - Los ISRS han demostrado su eficacia en el tratamiento de las crisis de pánico y la agorafobia. - (p. ej., citalopram, escitalopram, paroxetina, fluoxetina, fluvoxamina, sertralina), ampliamente utilizado en la actualidad.

De hecho, esta última clase de fármacos presenta, frente a los anteriores, mayor manejabilidad y menores efectos secundarios.

En casos de ataques de pánico y agorafobia que no responden al tratamiento con ISRS, se pueden usar ATC, aunque muchos médicos usan estas moléculas como terapia de primer uso.

Los IMAO, a pesar de ser fármacos muy efectivos, han caído en desuso casi por completo debido a los graves efectos secundarios que pueden producirse si se produce la asociación de algunas moléculas o si no se respetan las restricciones dietéticas prescritas.

Capítulo 4
Sentido de culpa y psicopatología

El sentimiento de culpa es una de las emociones complejas porque, según Izard (1979), evoluciona más tarde que las emociones básicas y tiene el papel de inhibir los actos considerados inmorales.

El sentimiento de culpa también forma parte de las emociones definidas como "morales" porque tiende a promover el comportamiento ético al presentarse con un valor negativo en respuesta a situaciones en las que el sujeto ejecuta una transgresión de una regla.

En particular, el sentimiento de culpa deriva del juicio negativo de un acto específico (perdido o realizado) dirigido a otra persona, generando en el sujeto emociones de remordimiento y arrepentimiento en referencia a la conducta anterior, con el consiguiente estado de tensión.

En psicología inicialmente el sentimiento de culpa fue estudiado por Freud (1915) en 'Duelo y melancolía', en el que el autor situaba el foco del análisis en una dimensión intrapsíquica. A partir de mediados de siglo, el nivel social adquiere mayor importancia: el sentimiento de culpa se correlaciona así con el contexto en el que la persona se encuentra inserta. En toda cultura existe un cierto consenso sobre las acciones que hacen culpables a los individuos, creando una norma compartida y el pensamiento relacionado de lo que sería correcto hacer.

Sentirse culpable implica que el sujeto, al romper esta norma ética, se dio cuenta de que tenía la posibilidad de actuar de otra manera o de actuar de una forma más correcta, altruista o socialmente más aceptable.

La disposición individual a sentir un sentimiento de culpa, sin que se transforme en juicio o condena, puede resultar sumamente útil y adaptativo, pues puede abrir espacios de reflexión sobre el propio comportamiento y puede producir la activación de gestos reparadores. Más allá de la valencia adaptativa del sentimiento de culpa, puede asumir más a menudo manifestaciones rumiantes de autorreproche, remordimiento o arrepentimiento, hasta incluso formas dolorosas de autocastigo.

En la psicopatología general, los sentimientos de culpa caracterizan diversos trastornos, tanto en el sentido de una mayor tendencia al arrepentimiento de sí mismo (el caso más clásico es el de la depresión), como -en el lado opuesto- como una falta de remordimiento o culpa (como, por ejemplo, en Trastorno antisocial de la personalidad). Sólo dentro de la fenomenología del Trastorno Obsesivo Compulsivo el papel de la culpa resulta tan central que ha sido investigado bajo la forma de diferentes constructos: propensión a la culpa, sensibilidad a la culpa y miedo a la culpa.

Por "propensión a la culpa" entendemos la tendencia individual a estar sujeto a sentimientos de culpa mientras que el término "sensibilidad a la culpa" se refiere a la baja tolerancia hacia la emoción de culpa, sobrestimando las consecuencias negativas de este sentimiento.

El miedo a la culpa parece ser un constructo central en la fenomenología del trastorno obsesivo-compulsivo.

Los estudios sobre la manipulación experimental del miedo a la culpa en sujetos tanto clínicos como no clínicos han demostrado cómo produce un aumento de las dudas obsesivas y de las conductas de control. Dentro de los estudios sobre el constructo miedo a la culpa en DOC, algunos autores (Mancini y Gangemi, 2006) han propuesto una diferenciación adicional entre dos subtipos de culpa. En general, de hecho, el sentimiento de culpa puede ser inducido por la violación de un principio altruista (culpa altruista) o por la violación de una norma ética (culpa deontológica).

Un ejemplo de culpa altruista está en la culpa de la sobreviviente: pensemos en el sentimiento que puede sentir una niña al comunicar la buena noticia de su embarazo a una querida amiga que no puede tener hijos.

En cambio, hablamos de un sentimiento de culpa deontológica cuando se produce la violación de una regla moral aun sin perjuicio de terceros; en este caso, un ejemplo podría ser el sentimiento de culpa de un individuo después de participar en conductas sexuales evaluadas como "incorrectas" sobre la base, por ejemplo, de principios religiosos (por ejemplo, la masturbación).

Aunque en muchos casos coexisten las dos condiciones anteriores (pensemos en la clásica culpa de "traición"), existen numerosas evidencias empíricas de la separación de los dos sentidos de culpa descritos anteriormente, también sobre una base neuroanatómica y funcional.

En particular, el sentimiento deontológico de culpa parece activar la ínsula y el córtex cingulado anterior, áreas también conectadas con emociones de asco y autorreproche; por otro lado, el sentimiento de culpa altruista está asociado a una activación de las áreas prefrontales implicadas también en la empatía y comprensión de la mente de los demás.

La hipótesis propuesta y confirmada por algunos importantes estudios italianos es que es la culpa deontológica y no altruista la que induce al paciente obsesivo a experimentar dudas inaceptables e implementar conductas compulsivas. Efectivamente, una investigación experimental ha demostrado que la inducción de culpa deontológica, pero no de culpa altruista, puede activar dudas intrusivas y conductas compulsivas de control o lavado.

En su forma original, el "dilema del trolebús" se basa en imaginar el escenario de un trolebús fuera de control en una vía hacia la dirección de cinco personas. Los sujetos de prueba deben decidir si tirarían o no de una palanca capaz de desviar el carro a otra vía golpeando a una sola persona.

La opción altruista es hacer un intercambio y provocar la muerte de una persona en lugar de cinco, mientras que el sentido deontológico de culpa hace insoluble el dilema si no es decidiendo no actuar y no cambiar el curso de los acontecimientos. En línea con estos resultados, otros estudios experimentales similares han demostrado que la tendencia a omitir en los dilemas morales se correlaciona positivamente con puntuaciones más altas en obsesión, pero no en ansiedad.

Además, la inducción de culpa deontológica, pero no altruista o vergonzosa, lleva a los sujetos a responder de manera no intervencionista en escenarios de dilema moral. Estos, y muchos otros estudios más recientes sobre la relación entre culpa deontológica y asco en el TOC, están abriendo importantes puntos de análisis y posibles hipótesis de desarrollo y aplicación también en el tratamiento psicoterapéutico.

En conclusión, el sentimiento de culpa, como todas las demás emociones, puede tener una importante función evolutiva y social. En sus formas menos adaptativas o crónicas, el sentimiento de culpa a menudo se aloja en las salas de psicoterapia y en particular, cuando el paciente sufre un Trastorno Obsesivo-Compulsivo (o es propenso a padecerlo), el estado emocional de culpa se convierte en el objeto temido. Así como en el paciente de pánico el objeto de la preocupación es el miedo mismo, el sujeto obsesivo teme la culpa.

Las investigaciones antes mencionadas (y muchas otras) también han demostrado que existe un tipo particular de culpa más temido en el TOC: es la culpa deontológica, asociada a la violación de una norma moral, que en el mecanismo obsesivo-compulsivo debe evitarse en todo momento. a toda costa, porque se percibe no como doloroso, pero a la vez reparable, sino como catastrófico, imperdonable e insoportable.

Capítulo 5
El asco: el papel en la psicopatología

El asco, al igual que todas las demás emociones básicas como la ira, la alegría, la tristeza y el miedo, tiene un profundo valor evolutivo en la historia del hombre y ha jugado un papel fundamental en su supervivencia.

Ekman (1992) define la emoción de disgusto como "experimentar una sensación que motiva, organiza y guía la percepción de pensamientos y acciones". En el curso de la evolución, de hecho, las emociones se han desarrollado para dar nuevos tipos de motivación e incentivar la acción para satisfacer las demandas del entorno externo. Además, la emoción (en general, no sólo el asco) también actúa como filtro sensorial, seleccionando determinadas soluciones para conseguir los objetivos marcados.

Según la perspectiva psicoevolutiva, que se desarrolla a partir de los trabajos históricos de Darwin, las emociones están íntimamente asociadas a la realización de objetivos universales relacionados con la supervivencia de la especie. Solo piense en el papel de la activación ansiosa en el reconocimiento del peligro y el desencadenamiento del comportamiento de lucha y/o huida.

Además, dentro de la teoría psicoevolucionista, las expresiones faciales emocionales se consideran innatas y universales: cada emoción fundamental tiene una configuración comunicativa y expresiva específica, común a todos los seres humanos y sólo parcialmente determinada por las diferencias culturales.

La existencia de expresiones faciales universales apoya la visión de las emociones como un fenómeno psicobiológico más que como reacciones secundarias a una evaluación cognitiva de la situación, basada en expectativas sobre lo que uno debería sentir, a veces influenciado por la cultura.

La emoción de asco, cuya raíz etimológica hace referencia al "mal gusto", es una emoción básica cuya función es prevenir posibles contaminaciones y enfermedades.

El mismo Darwin, en 1872, definió el asco como "algo nauseabundo en relación primordialmente con el sentido del gusto", tanto experimentado en el momento como recordado. Por tanto, podemos definir el asco como una reacción de defensa emocional dirigida a evitar la ingesta de sustancias potencialmente nocivas por la boca.

El asco, en la literatura actual, se considera una emoción compleja de defensa frente a peligros de diversa índole y no sólo como una forma instintiva de rechazo del alimento. En concreto, se han identificado diferentes tipos de asco:

• Repugnancia es la tipología que más se acerca al concepto psicoevolutivo original refiriéndose precisamente a la emoción que hace al hombre más cauteloso con lo que se lleva a la boca, llevándolo rechazar los alimentos sobre la base de sus cualidades sensoriales (por ejemplo, desagradable) y su historia, naturaleza y origen (quién los tocó). De hecho, el asco central es una defensa oral contra tres dominios de estímulo diferentes: comida, animales y productos corporales de desecho (heces, orina, saliva, vómito, etc.).

• El " asco recordatorio animal " es una defensa contra el contacto y la vista de objetos repugnantes. Esta forma de repugnancia se genera mediante la extensión de la repugnancia oral a otras modalidades sensoriales, como el tacto y la vista, y es suscitada por objetos pertenecientes a los dominios de la higiene, la muerte y la violación de la envoltura corporal (heridas, sangre, etc.)

• El asco por contaminación se refiere principalmente a las reacciones de asco provocadas por un comportamiento sexual inapropiado o anormal (basado en normas socioculturales) visto o experimentado de primera mano. Este tipo de asco también puede derivar de la vista o el contacto con fluidos corporales asociados al tema sexual.

• El asco interpersonal implica el contacto, directo o indirecto, con personas no deseadas, que se consideran desagradables y contaminantes. Por ejemplo, el contacto físico, la vista o el uso compartido de objetos (ropa, comida) con personas enfermas, extranjeras, discapacitadas físicamente, consideradas inferiores o culpables de algunos delitos, puede ser indeseable.

• El asco socio -moral, es suscitado por violaciones morales o sociales, involucrando gestos brutales, realizadas por personas desagradables y contaminantes por inhumanas. Los hechos juzgados moralmente repugnantes son muy heterogéneos, pues estuvieron fuertemente afectados por las influencias culturales de cada pueblo.

La emoción de asco parece jugar un papel fundamental en la fenomenología de muchos trastornos psicopatológicos reconocidos, incluyendo algunas fobias específicas (por ejemplo, de insectos-arañas, sangre-heridas-inyecciones), trastornos alimentarios, trastornos del deseo sexual, trastorno obsesivo-compulsivo y más recientemente trastorno de estrés postraumático y depresión. Dentro de esta línea de investigación sobre el asco en psicopatología, gran parte de los estudios exploran el asco en la génesis y mantenimiento del trastorno de contaminación obsesivo compulsivo.

La emoción de asco está, de hecho, en la base del miedo a la contaminación del Trastorno Obsesivo Compulsivo (TOC) y, a menudo, los síntomas del TOC se estructuran en torno a la idea de poder volverse sucio y repugnante; de ahí derivan conductas de evitación para prevenir el sentimiento de asco o cualquier conducta compulsiva encaminada a aliviar el malestar experimentado.

Si bien existen investigaciones que relacionan el asco con síntomas del TOC no estrictamente ligados al miedo al contagio, como por ejemplo las obsesiones religiosas; ciertamente el área más investigada es la relativa a la implicación del asco en la contaminación.

La contaminación se define como una "sensación intensa y persistente de haber sido infectado o puesto en peligro por el contacto directo o indirecto con una persona, lugar, objeto percibido como sucio, impuro, infectado o dañino"

La conceptualización clásica del miedo a la contaminación incluye únicamente una valoración de la amenaza o peligro de contagio y la posibilidad de enfermar tras la propia contaminación. Por otro lado, muchas personas con TOC de contaminación están impulsadas por emociones de asco en lugar de miedo al contagio.

Los estudios sobre el asco en el miedo a la contaminación del TOC han recurrido a menudo al constructo propensión al asco, es decir, la propensión del rasgo a experimentar con frecuencia la emoción del asco.
Se encontró que la asociación entre la propensión al asco y los síntomas de contaminación del TOC era muy significativa. De hecho, la propensión al asco parece ser un predictor significativo tanto de los síntomas obsesivos del lavado como, en menor medida, de los de control, orden y simetría.

Recientemente, entre los estudios italianos de esta línea de investigación, se llevó a cabo una encuesta de muestra clínica para evaluar la relación entre los síntomas del TOC, la propensión al asco y el rasgo de culpa (propensión a la culpa).

Los resultados mostraron que el constructo propensión al asco fue un predictor significativo no solo de los síntomas del TOC de contaminación sino también de los relacionados con el orden/simetría. Por el contrario, la predisposición a la culpa predijo más aspectos del TOC vinculados al miedo a causar daño a uno mismo o a los demás.

En conclusión, es indiscutible que el asco, históricamente mucho menos investigado que otras emociones en el campo de la psicopatología, juega un papel fundamental en la etiopatogenia y mantenimiento de algunos trastornos psíquicos. Además, como ya se mencionó, datos recientes también respaldan un posible papel predictivo de la predisposición a la repugnancia con respecto a los síntomas peculiares del trastorno obsesivo-compulsivo. Dentro de esta línea de investigación, los estudios futuros deberán aclarar aún más los vínculos entre el TOC y el asco, también a la luz de los posibles desarrollos en los campos clínico y de tratamiento

Trastorno obsesivo compulsivo (TOC)

El TOC se caracteriza por pensamientos, imágenes o impulsos recurrentes. Estos desencadenan ansiedad/asco y "obligan" a la persona a realizar acciones materiales o mentales repetitivas para calmarse.

A veces, las obsesiones también se denominan erróneamente delirios o fijaciones.

Como su nombre lo indica, el TOC predice la existencia de síntomas como las obsesiones y las compulsiones. Al menos el 80% de los pacientes obsesivos tienen obsesiones y compulsiones, menos del 20% solo obsesiones o solo compulsiones.

Difusión del TOC

El trastorno obsesivo compulsivo (TOC) afecta del 2 al 3 % de las personas a lo largo de la vida, independientemente del género. Puede comenzar en la niñez, la adolescencia o la adultez temprana. En muchos casos, los primeros síntomas se presentan muy temprano, en la mayoría de los casos antes de los 25 años (el 15% de los sujetos recuerda un inicio alrededor de los 10 años).

Si el TOC no se trata adecuadamente, en primer lugar, con una psicoterapia cognitiva conductual específica, tiende a cronificarse y empeorar con el tiempo.

Obsesiones y compulsiones en el TOC

Las obsesiones son pensamientos, imágenes o impulsos intrusivos y repetitivos, percibidos como incontrolables por quienes los experimentan. Tales ideas se sienten como perturbadoras y generalmente se juzgan como infundadas o excesivas.

Las obsesiones del trastorno obsesivo-compulsivo activan emociones desagradables y muy intensas, como sobre todo la ansiedad, el asco y la culpa. Como resultado, sienten la necesidad de hacer lo que puedan para tranquilizarse y manejar su angustia emocional.

Las compulsiones típicas del TOC también se denominan ceremoniales o rituales. Son conductas repetitivas (como revisar, lavar, ordenar, etc.) o acciones mentales (orar, repetir fórmulas, contar) encaminadas a contener el malestar emocional provocado por los pensamientos e impulsos que caracterizan las obsesiones descritas anteriormente.

Las compulsiones se convierten fácilmente en reglas rígidas de comportamiento y son definitivamente excesivas, a veces extrañas a los ojos de los observadores.

Tipos de Trastorno Obsesivo Compulsivo (TOC)

Aquellos que sufren de trastornos obsesivos pueden:
•   tener mucho miedo a la suciedad, gérmenes y/o sustancias repugnantes;
•   tener terror de causar sin darse cuenta daño a sí mismo o a los demás (de cualquier naturaleza: salud, económico, emocional, etc.) por errores, ligereza, descuido;
•   tener miedo de perder el control de los propios impulsos volviéndose agresivo, perverso, autodestructivo, blasfemo, etc.;
•   tienen dudas persistentes sobre los sentimientos que tienen hacia su pareja o sobre su orientación sexual, aunque suelen reconocer que esto no está justificado;
•   sentir la necesidad de realizar acciones y disponer los objetos siempre de la "manera correcta", completos, "bien hechos".

Síntomas del TOC

Los síntomas del TOC son muy heterogéneos, pero en la práctica se suelen distinguir algunos tipos. Algunos pacientes pueden tener más de un tipo de trastorno al mismo tiempo o en diferentes momentos de su vida.

• **Contaminación**

Los síntomas son obsesiones y compulsiones relacionadas con contagios o contaminaciones improbables (o poco realistas). Los "contaminantes" a menudo se convierten no solo en suciedad objetiva, sino también en orina, heces, sangre y jeringas, carne cruda, personas enfermas, genitales, sudor e incluso jabones, solventes y detergentes, que contienen sustancias químicas potencialmente "dañinas". A veces, los sentimientos de suciedad son desencadenados incluso por pensamientos inmorales o recuerdos de eventos traumáticos, sin ningún contacto con contaminantes. En este caso hablamos de contaminación mental.

Si la persona entra en contacto con alguno de los agentes "contaminantes", o en todo caso siente sensación de suciedad, realiza una serie de compulsiones (rituales) de lavado, limpieza, esterilización o desinfección. Esto es para neutralizar la acción de los gérmenes y para tranquilizarse respecto a la posibilidad de contagio o para deshacerse de la sensación de suciedad y asco.

- **Controlar**

Los síntomas son obsesiones y compulsiones que implican controles prolongados y repetidos innecesarios destinados a reparar o prevenir graves desgracias o accidentes.

Las personas que la padecen tienden a comprobar y volver a comprobar. Esto es para asegurarnos de que hemos hecho todo lo posible para prevenir cualquier posible catástrofe. A veces para tranquilizarse ante la duda obsesiva de que ha hecho algo mal y no recordarlo.

Dentro de esta categoría se encuentran síntomas como comprobar: haber cerrado las puertas y ventanas de la casa, las puertas del coche, el grifo del gas y del agua, la puerta del garaje o el botiquín. Pero también de haber apagado cocinas eléctricas u otros electrodomésticos, las luces de todas las habitaciones de la casa o los faros del coche. O de no haber perdido cosas personales al dejarlas caer o de no haber atropellado accidentalmente a alguien con el coche.

Obsesiones puras

Los síntomas son pensamientos o, más a menudo, imágenes relacionadas con escenas en las que la persona se involucra en un comportamiento no deseado e inaceptable. Estos son sin sentido, peligrosos o socialmente inconvenientes (agredir a alguien, tener relaciones homosexuales o pedófilas, engañar a la pareja, maldecir, blasfemar, ofender a los seres queridos, etc.).

Estas personas no tienen rituales mentales ni compulsiones, sino solo pensamientos obsesivos.

No obstante, implementan estrategias para calmarse. Por ejemplo, revisan mentalmente el pasado para asegurarse de que no han hecho ciertas cosas. O monitorean constantemente los sentimientos que experimentan y tratan de contrarrestar los pensamientos e impulsos no deseados.

Obsesiones supersticiosas

Es un pensamiento supersticioso llevado al exceso. El sujeto está dominado por reglas según las cuales debe hacer o no hacer ciertas cosas, pronunciar o no pronunciar ciertas palabras, ver o no ver ciertas cosas (por ejemplo, coches fúnebres, cementerios, carteles mortuorios), ciertos números o ciertos colores, etc. contar o no contar un número específico de veces de objetos, repetir o no repetir acciones particulares el número "correcto" de veces. Todo esto porque infringir las normas puede ser determinante para el desenlace de los hechos y provocar que sucedan cosas negativas para uno mismo o para los demás.

Este efecto solo se puede evitar repitiendo el acto (por ejemplo, borrando y reescribiendo la misma palabra, pensando en cosas positivas) o realizando algún otro ritual "anti-malo".

Orden y simetría

Quienes la padecen no toleran en absoluto que los objetos se coloquen de forma mínimamente desordenada o asimétrica. Esto le da una desagradable sensación de falta de armonía y lógica.

Libros, sábanas, bolígrafos, toallas, ropa en el armario, platos, ollas, tazas, deben estar perfectamente alineados, simétricos y ordenados de acuerdo a una secuencia lógica (ej. tamaño, color, etc.).

Cuando esto no sucede, estas personas pasan horas de su tiempo reorganizando y alineando estos objetos, hasta que se sienten completamente tranquilas y satisfechas.

Acumulación / acaparamiento

Es un tipo de obsesión bastante raro que caracteriza a quienes tienden a guardar y acumular (y en ocasiones incluso a coleccionar en la calle) objetos insignificantes e inútiles (revistas y periódicos viejos, cajetillas de cigarrillos vacías, botellas vacías, toallas de papel usadas, envases de alimentos), debido a la enorme dificultad que tienen para tirarlos.

Hoy en día, este problema se considera distinto del TOC real y se denomina trastorno de acumulación.

Una forma particular de obsesión es la que se refiere a la preocupación excesiva e irracional de tener una parte del cuerpo defectuosa o deformada.

Tratamiento del Trastorno Obsesivo Compulsivo

La psicoterapia cognitivo -conductual es el tratamiento psicoterapéutico de elección para el tratamiento de los trastornos obsesivos.

Como su nombre lo indica, consta de dos tipos de psicoterapia que se complementan entre sí: la psicoterapia conductual y la psicoterapia cognitiva.

Intervenciones conductuales

La técnica más utilizada dentro del enfoque conductual para tratar el TOC es la exposición y prevención de respuesta. Ha mostrado los niveles más altos de eficacia.

La exposición al estímulo inductor de ansiedad se basa en el hecho de que la ansiedad y el asco tienden a disminuir espontáneamente después de un contacto prolongado con el estímulo mismo.

Por lo tanto, se puede invitar a las personas obsesionadas con los gérmenes a permanecer en contacto con objetos que "contengan gérmenes" (p. ej., recoger dinero) hasta que desaparezca la ansiedad. La repetición de la exposición, que debe realizarse de forma extremadamente gradual y tolerable para el paciente, permite la reducción de la ansiedad hasta su completa extinción.

Para que la técnica de exposición sea más efectiva para el tratamiento del TOC, debe combinarse con la técnica de prevención de respuesta. Los comportamientos rituales habituales que siguen a la aparición de la obsesión se suspenden, o al menos se posponen inicialmente.

Volviendo al ejemplo anterior, se expone a la persona con síntomas obsesivos relacionados con los gérmenes al estímulo angustioso y se le pide que haga un esfuerzo por no realizar su ritual de lavado, esperando que la ansiedad desaparezca espontáneamente.

En resumen, sigues el principio "mira el miedo a la cara y dejará de molestarte".

Intervenciones cognitivas

La psicoterapia cognitiva tiene como objetivo curar el TOC a través de la modificación de algunos procesos de pensamiento automáticos y disfuncionales. En particular, actúa sobre el excesivo sentido de la responsabilidad, sobre la excesiva importancia atribuida a los pensamientos, sobre la sobrestimación de la posibilidad de controlar los propios pensamientos y sobre la sobrestimación del peligro de la ansiedad, que constituyen las principales distorsiones cognitivas de los pacientes con TOC.

Terapia farmacológica para el TOC

El tratamiento farmacológico del TOC se ha caracterizado históricamente por el uso del antidepresivo tricíclico Clomipramina (Anafranil).

Recientemente se ha generalizado el uso de inhibidores selectivos de la recaptación de serotonina (ISRS) que, con una equivalencia terapéutica sustancial demostrada por diversos estudios, asocian menos efectos secundarios.

Para tener un tratamiento antiobsesivo efectivo de moléculas antidepresivas, las guías sugieren el uso de dosis cercanas al máximo permitido para cada molécula. Pueden pasar de diez a doce semanas hasta que se obtenga una respuesta clínica positiva.

Un porcentaje de pacientes que puede variar del 30 al 40% no responde al tratamiento farmacológico del TOC. Incluso para los pacientes que responden significativamente al tratamiento farmacológico, el tamaño de la respuesta suele ser incompleto y pocos pacientes se vuelven totalmente libres de síntomas.

Para lograr la eficacia terapéutica, puede estar indicado el uso combinado de clomipramina y un fármaco ISRS, la clomipramina administrada por vía intravenosa (que ha demostrado ser una terapia eficaz para el tratamiento de los trastornos obsesivos en pacientes que no responden al tratamiento oral) o de neurolépticos de última generación, como Risperidona (Risperdal, Belivon), Olanzapina (Zyprexa) y Quietapina (Seroquel).

En cualquier caso, la terapia farmacológica, que sólo puede ser de ayuda, debe ir siempre acompañada de la terapia cognitivo conductual, intervención de primera elección para el tratamiento del trastorno obsesivo compulsivo.

Capítulo 6
Ataques de ira

La ira es una emoción básica, evolutivamente dirigida a defenderse para la supervivencia y con una función fundamentalmente adaptativa.

Puede volverse disfuncional o problemático cuando los ataques de ira (también llamados rabietas) comprometen las relaciones o la calidad de vida, o crean sufrimiento al incitarlos a tomar acciones dañinas hacia uno mismo o hacia los demás.

Aunque los ataques de ira son un problema muy observado en nuestra vida, este parece poco explorado en comparación con la ansiedad y la depresión.

Las diversas manifestaciones de los ataques de ira se extienden desde la familia hasta el lugar de trabajo, las relaciones en general y el entorno terapéutico clínico.

Esto ha llevado a muchos académicos a desarrollar herramientas de evaluación de la ira, especialmente cuestionarios de autoinforme a medida que crece el interés en esta emoción y hacer que las intervenciones de regulación emocional destinadas a contener los arrebatos sean más específicas.

Definiciones de ira

La ira ha sido definida de muchas maneras según los diferentes aspectos enfatizados. Existe un amplio consenso en considerar comúnmente los sentimientos de ira como "malos" y acompañados de acciones para contrarrestar o remediar tales ataques de ira.

En general, la ira se caracterizó en términos de patrones psicofisiológicos y activación facial. Aunque se puede considerar que tiene algunos efectos beneficiosos, como la función de movilizar recursos psicológicos, estimular el comportamiento y proteger la autoestima, normalmente se considera por su valor emocional negativo con consecuencias potencialmente dañinas.

Los estallidos de ira, cuando están mal regulados, constituyen malestar psicofísico. El término hostilidad se reserva más específicamente para definir episodios recurrentes de ira o una propensión general a la ira.

Se considera el resultado de un sesgo actitudinal o un patrón cognitivo de fuerte desaprobación hacia los demás o similar a un rasgo de personalidad.

Agresión y violencia

La agresión, por otro lado, se define en psicología social como un comportamiento destinado a dañar o herir psicológica o físicamente.

Finalmente, la violencia es un subtipo de agresión física en el que el daño se materializa efectivamente.

La regulación de los arrebatos de ira

En los últimos años se han diseñado intervenciones psicológicas para mejorar la regulación de los ataques de ira, comúnmente conocidas como programas de manejo de la ira, y se han desarrollado para tratar una amplia gama de problemas de salud física y mental.

La justificación del tratamiento se basa en investigaciones que han demostrado una asociación entre la ira y, por ejemplo, trastornos cardiovasculares, trastornos de la personalidad, abuso de sustancias y trastornos cerebrales orgánicos.

La ira también se identifica comúnmente como el antecedente más significativo de la agresión y el ataque. Por lo tanto, una de las principales razones para tratar los ataques de ira es reducir el riesgo de participar en comportamientos violentos o agresivos.

La eficacia de los tratamientos

Una serie de meta análisis sobre la eficacia de los tratamientos para el manejo de la ira han demostrado resultados suficientemente positivos para producir cambios clínicos confiables.

A pesar de esto, hay grupos de pacientes con problemas de ira que parecen bastante difíciles de tratar. Por ejemplo, existe evidencia limitada para apoyar los tratamientos de manejo de la ira para los delincuentes violentos, quizás porque en este caso puede haber problemas asociados como abuso de sustancias, trastornos de personalidad, dificultades familiares o trastornos psicopatológicos que interfieren con el progreso del tratamiento.

Un artículo reciente analizó las formas en que el trauma psicológico afecta la frecuencia de los ataques de ira, el tratamiento correspondiente y las estrategias implementadas especialmente en quienes experimentan un tipo de ira problemática relacionada con historias traumáticas.

Existe evidencia que muestra una asociación entre los síntomas del trauma y la ira desregulada, pero no existen tratamientos para el manejo de la ira que aborden directamente las experiencias traumáticas.

Terapia cognitiva conductual para la ira

Los métodos cognitivo-conductuales para manejar los ataques de ira incluyen sesiones o módulos de tratamiento. Implican investigar e identificar la naturaleza del problema, desencadenar eventos y factores estresantes contextuales, así como cambiar patrones disfuncionales e inferencias causales cognitivas.

La intervención puede incluir entonces un aumento de habilidades como la mejora de las respuestas de afrontamiento, el control de la activación fisiológica, la prevención de la escalada del ataque de ira y el refuerzo del compromiso con el cambio.

Intervenciones más recientes, en cambio, consideran los déficits relativos al procesamiento de la información social como un elemento importante sobre el que orientar el tratamiento de los arrebatos, en particular en relación con la capacidad del agresor para tomar la perspectiva de la víctima.

Esto incluye, por ejemplo, examinar cómo responde la persona a las provocaciones percibidas, tanto en el momento del evento (juicios sobre quién fue responsable o culpable) como después (por ejemplo, cavilaciones sobre disputas legales que intensifican la experiencia emocional).

Una parte importante de la intervención se refiere a los hechos que actúan como desencadenantes de los ataques de ira, que pueden ser malinterpretados como amenazantes y malévolos, y en este sentido las manifestaciones de ira no regulada pueden ser contraproducentes.

Trauma y arrebatos de ira

El concepto de trauma se puede describir como un choque emocional que resulta de eventos particulares que llevan a la persona traumatizada a sentirse anestesiada, asustada, vulnerable y aislada.

El trastorno de estrés postraumático (TEPT) es un diagnóstico psiquiátrico que implica angustia psicológica, desencadenada por la exposición al evento traumático, en el que el individuo percibe una amenaza para la seguridad o integridad física propia o ajena y en el que experimenta miedo, impotencia o terror.

El trastorno se caracteriza por recuerdos intrusivos sobre la experiencia traumática, en forma de "flashbacks" o pesadillas, evitación de los estímulos que desencadenan dichos recuerdos, anestesia emocional y síntomas de hiperexcitación como impulsividad, insomnio, irritabilidad y ataques de ira.

Aunque históricamente la investigación ha identificado el miedo como una emoción que caracteriza el trastorno, en los últimos años se ha prestado mucha atención a la ira como una emoción clave asociada con la hiperactivación.

TEPT e ira

Se demostró que la ira está fuertemente asociada con la gravedad del TEPT (Trastorno de estrés postraumático). De hecho, un metanálisis de 39 estudios de adultos expuestos a traumas concluyó que la ira y la hostilidad estaban asociadas con el TEPT.

Este análisis también informó que, en promedio, la fuerza de la asociación entre los ataques de ira y el TEPT aumenta especialmente en los primeros meses después de la exposición al evento traumático, antes de disminuir lentamente con el tiempo.

Un grupo de personas para quienes la desregulación de la ira parece ser particularmente problemática son aquellos que han experimentado lo que se denomina "TEPT complejo", o trastorno de estrés extremo no especificado.

El término PTSD complejo se usa comúnmente para aquellos que han experimentado exposición temprana, prolongada y repetida al trauma, por ejemplo, caracterizado por experiencias como tortura, abuso sexual, violencia doméstica, exposición crónica a confrontación y conflicto, y privación social severa.

Varios estudios han demostrado que las tasas de agresión y violencia son altas en aquellos que han experimentado TEPT y reportan antecedentes de abuso sexual infantil, lo que llevó a Dyer y otros (2009) a observar que uno de los aspectos más "clínicamente urgentes" del complejo de TEPT es la ira problemática y los altos niveles de agresión y autolesión asociados con ella.

La relación entre el trauma y la ira

Existen numerosos estudios que intentan explicar la asociación entre experiencia traumática y ataques de ira. Para algunos autores, existe una teoría de la regulación de la ira según la cual, durante la exposición al estrés, la ira activaría conductas de ataque o supervivencia, supresión de sentimientos de impotencia y probablemente permitiría al individuo adquirir una sensación de control sobre la situación.

Las personas traumatizadas pueden desarrollar una propensión a percibir situaciones como amenazantes y la percepción de amenaza activaría un modo de supervivencia biológicamente predispuesto que incluye reacciones de miedo y huida o ataques de ira y agresión. Entonces serían más o menos capaces de regular los ataques de ira y, en consecuencia, es más probable que experimenten esta forma de ira problemática y que actúen de manera agresiva.

Otros estudiosos sugieren que el miedo es esencialmente una emoción prospectiva, que crece durante el evento y se activa con respecto al daño potencial futuro, mientras que otras emociones como la ira y la culpa pueden considerarse emociones retrospectivas, que crecen ampliamente después de las evaluaciones posteriores del evento y sus consecuencias.

Esta hipótesis está respaldada por estudios que muestran que los arrebatos aumentan gradualmente después del evento traumático, mientras que el miedo tiende a disminuir.

En la literatura existen algunos autores que se basan en teorías valorativas para comprender cómo la evaluación del significado de la experiencia determina la emoción consecuente. El tema relacional nuclear de la ira analizado mayoritariamente sería "la culpa o reproche de los demás".

Aplicando esta hipótesis a la experiencia del trauma, se ha sugerido que la ira problemática es más probable que ocurra cuando se responsabiliza a otra persona por el evento traumático.

El trabajo sobre la autoculpabilidad

Sin embargo, la investigación sugiere que los programas de manejo de la ira también deben considerar las calificaciones de "autoculpa" como particularmente relevantes para aquellos con síntomas de TEPT.

Finalmente, para muchos que han sido traumatizados, es posible que los arrebatos de ira y los ataques de ira estén realmente asociados con un control excesivo patológico (inhibición de la expresión) de la ira y, como tal, el tratamiento debe abordar la acumulación de frustración y la percepción de la ira e injusticia (relacionada tanto con el hecho traumático como con las "molestias" cotidianas) de forma que se desarrollen adecuadas habilidades emocionales expresivas.

La percepción de uno mismo

Dyer y otros (2009) identificaron en estudios de trauma complejo que las "alteraciones en la autopercepción" serían una correlación significativa de ira, agresión, evitación e hiperexcitación.

El término "alteraciones en la autopercepción" se usa para referirse a sentimientos de vergüenza, ineficacia, culpa, responsabilidad, aislamiento y una sensación de daño permanente, lo que lleva a concluir que la "vergüenza postraumática" podría desempeñar un papel significativo tanto en arrebatos de ira como de agresión en individuos traumatizados.

Por lo tanto, cuanto más aumentan las autoevaluaciones negativas globales después del trauma, más contribuye esto a la desregulación de la ira. Esto ofrece una explicación evolutiva de cómo los eventos históricos (como el abuso o la negligencia) pueden, al menos para algunas personas, conducir al desarrollo de rasgos de personalidad estables, así como altos niveles de expresividad de la ira o un umbral reducido para la expresión de la ira.

La ira problemática (niveles altos de ira, expresión de la ira y niveles bajos de control de la ira) se ha asociado con efectos a largo plazo en lugar de agudos del trauma, que se reflejan en dificultades a veces relacionadas con un sentido inadecuado de sí mismo.

Capítulo 7
Tristeza: la importancia de estar triste

Las emociones son fundamentales en nuestra vida. Sin embargo, muchas veces nos vemos llevados a considerar unas emociones más adecuadas que otras: unas "positivas", otras "negativas"; algunas "correctas", otras "incorrectas". En realidad, este etiquetado es incorrecto.

Todas las emociones que sentimos son importantes, incluso la tristeza: fueron fundamentales para la evolución de nuestra especie y aún cumplen funciones indispensables para nuestra supervivencia y calidad de vida. Por ejemplo, nos facilitan información relativa a situaciones que pueden resultar peligrosas o perjudiciales para nosotros; son herramientas útiles para evaluar situaciones; pueden actuar como señales para entender lo que necesitamos, nos gusta o queremos; pueden sugerirnos acercarnos o alejarnos de una determinada situación; o facilitarnos información sobre cómo somos y la energía que tenemos.

Son, por tanto, medios fundamentales para tomar decisiones y hacer elecciones "adecuadas" para nosotros en un momento determinado, permitiéndonos organizar nuestro comportamiento de manera coherente con lo que nos conviene.

A pesar de ello, sin embargo, muchas veces tendemos a desvalorizar su importancia, asumiendo actitudes que no nos permiten estar en contacto con algunas de ellas. Y esto es especialmente cierto para aquellas que

tendemos a considerar "negativas" o "desagradables".
Entre estas encontramos la tristeza.

En relación a la evolución de nuestra especie, la tristeza
ha jugado un papel fundamental. La tristeza puede, de
hecho, considerarse una señal de que nuestro sistema
de apego se ha activado. El sistema de apego nos
permite señalar al otro la necesidad que tenemos de su
presencia en momentos de dificultad y constituye el
fundamento de nuestras relaciones afectivas más
importantes.

Una de las principales funciones de la tristeza radica
precisamente en señalar a las personas cercanas a
nosotros la necesidad de su cercanía, su apoyo, ayuda
o consuelo en momentos de dificultad. Y el propio
llanto, que puede ser indicador de una tristeza intensa,
ayuda a expresar a los demás lo que sentimos y les
señala esta necesidad de cercanía y ayuda.

La tristeza, por lo tanto, juega un papel central en la
experiencia de apoyo de los demás, así como en el
desarrollo y mantenimiento de nuestras relaciones.
Otra importante función que cumple la tristeza es la de
permitirnos "recogernos", promoviendo una profunda y
auténtica reflexión y análisis sobre los acontecimientos
de nuestra vida, con la posibilidad de buscar un sentido
a lo que nos sucede o a nuestro dolor; y también puede
alentar la reflexión sobre cuestiones más generales y
existenciales de la vida.

La tristeza es, por tanto , fundamental para procesar los
acontecimientos desagradables que nos suceden, pero
también tiene el potencial de actuar como estímulo de
cambio: mantener el contacto nos permite hacer que
cumpla la función de señalarnos que algo anda mal,

reflexionar sobre ello y encontrar significado; pero también para urgirnos al cambio encaminado a lograr un equilibrio y una estructura que sean mejores para nosotros, mostrándonos nuevas perspectivas que antes quizás no eran visibles.

Pero lo que pensamos sobre la tristeza, así como sobre otras emociones, y por tanto nuestras valoraciones y creencias al respecto, influye en nuestra disposición a permanecer en contacto y expresarlo a los demás. Nuestra cultura a menudo nos lleva a ver la tristeza como algo que es mejor ocultar, no mostrar. Y esto es especialmente cierto en ciertas áreas de la vida, donde el sufrimiento propio y el de los demás parecen ser poco tolerados o aceptables. A menudo nos encontramos inmersos en contextos competitivos que no favorecen la libre expresión de emociones que pueden hacernos parecer débiles, frágiles, insuficientes o perdedores.

Cuando la expresión de emociones como la tristeza se considera un riesgo para ser evaluada de esta manera por los demás, podemos sentir la necesidad de ocultarla o enmascararla, especialmente cuando no existen eventos objetivos externos significativos que puedan justificar su presencia, como una enfermedad grave, o la pérdida de alguien cercano a nosotros.

Pero las razones que pueden estar en la base de la falta de voluntad para permanecer en contacto con la tristeza y expresarla externamente también pueden afectar a otros planos. En algunos casos, puede tener la creencia de que mostrar tristeza puede significar que no es lo suficientemente interesante o atractivo para los demás. Y tal vez por eso también para que lo dejen en paz.

Además, en las personas que han sufrido depresión, es habitual el temor de que experimentar tristeza pueda suponer una recaída en el trastorno. Y el mismo miedo lo pueden experimentar aquellos que, a pesar de no haber padecido depresión en primera persona, han tenido la vivencia del trastorno en su familia o en personas cercanas. En estos casos, es posible que ni siquiera esté disponible para contactarla por temor a no poder manejarla, controlarla o tolerarla. O pensar que si empiezas a sentirte triste podrías estarlo para siempre.

La tristeza, como cualquier otra emoción, se caracteriza por ser un estado transitorio. Sin embargo, vale la pena señalar que la duración de las emociones puede verse influenciada por varios factores. Entre estos encontramos el valor subjetivo del hecho que los provocó y los mecanismos de cavilación y rumiación.

Estos mecanismos pueden aumentar los pensamientos sobre el hecho que nos ha hecho sentir tristes, haciéndonos sentir aún más tristes, en un círculo vicioso que, además de influir en la duración de la propia emoción, también podría bajar significativamente nuestro estado de ánimo o mantener un trastorno depresivo cuando se presente.

Para permitirnos sentir nuestra tristeza y expresarla externamente, también debemos permitirnos decirnos a nosotros mismos y a los demás que, al menos en un momento específico, somos vulnerables, que necesitamos a alguien más, que no tenemos el control total. Y esto no es fácil para todos: de hecho, uno puede tener miedo de sentirse triste, si en nuestra historia de vida aprendimos temprano que, si necesitamos a alguien dispuesto a apoyarnos, no tendremos la oportunidad de encontrarlo. Y por lo tanto se puede aprender rápidamente a no estar en contacto con esta emoción y negar su existencia, a protegernos del riesgo de no encontrar a alguien disponible que nos apoye y nos brinde ayuda cuando la necesitemos: así aprendemos a "no sentir" y hacer todo por su cuenta, creen que no necesitan a nadie y son autosuficientes pase lo que pase.

En conclusión, el miedo a sentir y estar en contacto muchas veces nos lleva a vivir evitando nuestras emociones. Pero estos mecanismos tienen costos significativos. Es cierto que contactar con lo que sentimos a veces puede ser agotador, doloroso, poniéndonos frente a problemas que afrontar. Pero también es cierto que no contactarlos significa vivir una vida que no es plena.

Las emociones que no sentimos dependen de varios factores, incluidas las características del contexto en el que crecimos, la cultura a la que pertenecemos, las características personales, incluido nuestro género. Sin embargo, aunque en un principio no solemos contactar con un determinado tipo de emoción, con el tiempo esta dificultad puede generalizarse a las demás, impidiendo que disfrutemos del sabor de toda nuestra vida.

Para tratar de no estar en contacto podemos usar diferentes estrategias: nunca dejamos de configurar nuestra vida para tener siempre alguna actividad que hacer y no tener espacios para conectarnos con nosotros mismos y sentirnos auténticos; tomamos medicamentos; retenemos lo que sentimos al no permitirnos sentirlo plenamente y evitar que las emociones realicen las funciones para las que existen; o, de nuevo, asumimos creencias que devalúan la importancia que tienen las emociones en el tratamiento de problemas y elecciones con respecto al pensamiento lógico y la racionalidad.

Estas estrategias también pueden ser funcionales y útiles en algunos momentos específicos. Pero no pueden convertirse en la forma habitual de gestionar la relación con lo que sentimos en un intento de eliminarlo; también porque las emociones, incluida la tristeza, no pueden ser eliminadas de nuestra experiencia.

Estas actitudes y comportamientos tienen el coste de hacernos perder información fundamental para nuestra calidad de vida, influyendo negativamente en los niveles de satisfacción que percibimos. También nos impiden aprender estrategias adecuadas para manejar las propias emociones: y esto puede ser muy problemático, ya que, cuando algunos eventos necesariamente nos pondrán en condiciones de sentir, no tendremos las herramientas adecuadas para usar.

Así, no permitirnos experimentar la tristeza nos priva de la posibilidad de aprender a gestionarla: no nos permitimos experimentar el hecho de que tenemos todos los recursos necesarios para afrontarla o al menos aprender a manejarla. No vemos que la tristeza es solo tristeza. Y no lo aceptamos como parte de nuestra vida, una fase de transición natural.

Todos estos mecanismos pueden incluso conducir al desarrollo de una verdadera fobia a los estados internos dolorosos. Por eso se hace imprescindible permitirnos explorar los estados emocionales que nos duelen o nos dan miedo. Escucharnos a nosotros mismos, conectarnos con las sensaciones físicas y estar en contacto con lo que sentimos nos permite, de hecho, utilizar las señales que percibimos de manera ventajosa y positiva para nosotros, también en términos de evolución personal, y ser menos miedosos de ellos.

Depresión: síntomas, causas y tratamiento

La depresión es un término que se utiliza para indicar la presencia de un estado de ánimo triste, vacío o irritable, acompañado de cambios físicos, fisiológicos y cognitivos que afectan significativamente la capacidad de funcionamiento del individuo.

El episodio depresivo no coincide con el diagnóstico de Trastorno Depresivo Mayor (o depresión mayor), porque muchas personas pueden tener cambios de humor, más o menos marcados, hasta llegar al verdadero trastorno bipolar, del que la depresión puede ser sólo un síntoma, incluso si suele ser el más inoportuno para el sujeto, quien pide ayuda en estas fases.

La depresión es un trastorno generalizado entre la población general y por lo tanto muy conocido. De hecho, parece que entre un 10% y un 15% de la población la padece, con mayor frecuencia entre las mujeres. La depresión mayor se asocia con una alta mortalidad. Hasta el 15% de las personas con depresión severa mueren por suicidio.

Sin embargo, la mayoría de los sujetos deprimidos no llegan a tener pensamientos suicidas o síntomas especialmente graves, sino que se quejan de síntomas que muchas veces ni siquiera se asocian fácilmente con la propia depresión (fatiga crónica, malestar físico, apatía, astenia, disminución del deseo, irritabilidad, etc..).

La depresión es dos veces más común en mujeres adolescentes y adultas que en hombres en las mismas condiciones. Los niños de ambos sexos se ven afectados por igual.

El trastorno depresivo puede comenzar a cualquier edad, con una edad promedio de inicio alrededor de los 25 años. Algunos tienen episodios depresivos mayores aislados seguidos durante muchos años sin ningún síntoma, mientras que otros tienen grupos de episodios y otros tienen episodios que se vuelven más frecuentes con el aumento de la edad.

Síntomas de depresión:

Los síntomas de la depresión son variados y para facilitar su identificación se pueden agrupar en:

- **Síntomas cognitivos de la depresión**
- Una capacidad reducida para concentrarse o tomar incluso pequeñas decisiones, donde puede haber distracción o dificultades de memoria.
- Una tendencia muy fuerte a culparse a uno mismo, a desvalorizarse, a sentirse indigno. Las reflexiones sobre pequeños errores del pasado son un lugar común y los hechos cotidianos neutrales o triviales se interpretan como prueba de defectos o deficiencias personales.

- **Síntomas afectivos de la depresión:**

• Generalmente, quienes padecen depresión mayor muestran un estado de ánimo deprimido, una tristeza marcada casi a diario, tanto que el estado de ánimo y los pensamientos son siempre negativos. Parece haber un verdadero dolor de vivir, que lleva a no poder disfrutar más de nada.

• De hecho, la pérdida del placer de dedicarse a pasatiempos o actividades que antes se buscaban activamente es una característica siempre presente en los trastornos depresivos. Puede haber retraimiento social, abandono de ocupaciones placenteras o disminución del deseo sexual.

- **Síntomas de voluntad fuerte / motivacionales de la depresión:**

• Una fatiga marcada, por la cual la persona se siente agotada y cansada incluso en ausencia de actividad motora. Las tareas más pequeñas parecen requerir un esfuerzo considerable y su eficiencia puede verse reducida (por ejemplo, una persona puede quejarse de que desayunar es agotador y toma el doble de tiempo que de costumbre).

- **Síntomas conductuales de la depresión:**

• Aumento o disminución del apetito. Por lo general, hay pérdida de peso y algunas personas con depresión mayor informan que tienen que obligarse a comer. Otros pueden comer más y tener antojos de determinados alimentos (p. ej., dulces u otros carbohidratos), como si buscaran consuelo en la comida.

• Un aumento o disminución del sueño. Algunas personas pueden despertarse temprano, tener frecuentes despertares nocturnos o tener dificultad para conciliar el sueño, sin sentirse descansadas por la mañana, otras duermen demasiado (hipersomnia). El sueño perturbado es a veces la razón por la cual el individuo busca tratamiento.

• Un marcado enlentecimiento motor que puede manifestarse como mayor lentitud en hacer las cosas, en el habla, lentitud en los pensamientos y en los movimientos corporales, o, por el contrario, una marcada agitación en la que hay incapacidad para sentarse, caminar de un lado a otro, arrugar las manos, jalar o frotar su piel, ropa u otros objetos.

• **Síntomas físicos de la depresión:**
• Dolor de cabeza, palpitaciones o taquicardia, dolor muscular, óseo, articular y abdominal. Las personas pueden sentirse mareadas o aturdidas. A veces puede haber estreñimiento o diarrea.

También puede ocurrir que la persona presente únicamente los síntomas físicos de depresión señalados anteriormente sin que existan percepciones de decaimiento anímico por parte del individuo. De hecho, cuando estos trastornos somáticos no se deben a condiciones traumáticas (accidentes), patologías, alteraciones metabólicas o esfuerzos musculares y el médico ha descartado alguna causa orgánica, podría tratarse de esa condición denominada "depresión enmascarada", cuya confirmación diagnóstica puede venir. por el hecho de que la persona responda positivamente a los medicamentos antidepresivos o tenga un familiar que padezca o haya padecido depresión mayor.

Es bueno tener en cuenta que los síntomas de la depresión en ocasiones pueden ser sutiles, hasta el punto de que nadie se da cuenta del problema, a veces ni siquiera el propio sujeto, que tiende a atribuirlos al cansancio normal, al estrés, al nerviosismo o al trabajo, la familia. o problemas de pareja. De hecho, es bastante frecuente el caso en que la persona deprimida no quiere reconocer su propio estado interior, lo que le lleva a ver "todo negro", a ser intolerante, irritable, pesimista, nervioso, distante, etc., y cree que sólo es consecuencia de factores externos que deben modificarse (trabajo, pareja, dinero, hijos, etc.).

Todos los síntomas de depresión que hemos descrito anteriormente pueden manifestarse de forma aguda (con fases de depresión muy agudas y repentinas, que tal vez tiendan a desaparecer por sí solas o con terapia) o de forma constante, aunque sea de forma leve, con algunos momentos repentinos de empeoramiento. En este caso hablamos de distimia.

Causa depresión

En general, las causas de la depresión se pueden resumir en tres factores:

• **Factores biológicos**. Se refieren a cambios en el neurotransmisor, las hormonas y el sistema inmunológico. Por ejemplo, alteraciones en la regulación de neurotransmisores como la noradrenalina y la serotonina, alterando la transmisión de los impulsos nerviosos pueden afectar la iniciativa del sujeto, el sueño, la cavilación y las interacciones con los demás.

• **Factores psicológicos y sociales**. A nivel psicosocial, los eventos vitales estresantes han sido bien reconocidos como factores precipitantes de episodios depresivos, incluyendo duelo, conflictos interpersonales y familiares, enfermedades físicas, cambios de vida, ser víctima de un delito, separación matrimonial e infantil. Entre estos eventos también podemos encontrar cambios en las condiciones laborales o el inicio de un nuevo tipo de trabajo, la enfermedad de un ser querido, conflictos familiares graves, cambios de amistades, cambios de ciudad, etc. Estos eventos pueden tener un mayor impacto en las personas que han tenido experiencias infantiles adversas y que, por lo tanto, carecen de la capacidad para enfrentarlas de manera efectiva.

• **Factores genéticos y fisiológicos**. Los familiares de primer grado de personas con depresión mayor tienen un riesgo de dos a cuatro veces mayor de desarrollar el trastorno que la población general. Lo que se hereda genéticamente es la predisposición a desarrollar el trastorno, no el trastorno en sí.

Cura de la depresión

Se ha demostrado que la terapia conductual cognitiva es muy eficaz en el tratamiento de la depresión.

Por un lado, trata de cambiar los pensamientos negativos que pueden sustentar la depresión. Por ejemplo, las personas que la padecen tienden a tener una hipercrítica hacia sí mismos, tienden a acusarse más allá de toda evidencia, tienden a notar más hechos negativos en situaciones cotidianas. La terapia cognitiva conductual ayuda a la persona a desarrollar una forma de pensar más equilibrada y racional.

Por otro lado, para el tratamiento de la depresión, se ayuda a las personas a desarrollar mejores habilidades para hacer frente a las dificultades diarias, lo que probablemente llevó a la persona a estar deprimida. Así, por ejemplo, se le puede enseñar a la persona formas más efectivas de comunicarse o estrategias para resolver los problemas en los que está involucrada.

El tratamiento de la depresión, por tanto, invita a la persona a retomar paulatinamente las actividades que ha ido abandonando, quizás empezando por las más placenteras, a desarrollar conductas más funcionales para solucionar sus problemas, a pensar de forma más equilibrada y racional.

La terapia cognitivo conductual se diferencia mucho de otro tipo de psicoterapias: se centra en el presente, en los síntomas de la depresión, y tiende a producir soluciones eficaces a los problemas presentados.

Medicamentos para la depresión

Hoy en día existe un amplio uso de fármacos antidepresivos que en la actualidad se han convertido en los fármacos más utilizados en medicina, pero lamentablemente los resultados suelen ser modestos y/o temporales. Si no intervenimos con una psicoterapia válida que ayude a la persona a adquirir estrategias funcionales para la solución de episodios depresivos agudos y para la prevención de recaídas, es muy probable que el sujeto experimente recaídas recurrentes.

Numerosas clases de fármacos antidepresivos se utilizan en el tratamiento farmacológico de la depresión:

tricíclicos y tetracíclicos (por ejemplo, desipramina, nortriptilina, maprotilina, clorimipramina, imipramina, amitriptilina, nortriptilina); agonistas multisistémicos de noradrenalina-serotonina (p. ej., venlafaxina, trazodona); benzamidas sustituidas (por ejemplo, amisulpirida); agonistas del sistema noradrenérgico (por ejemplo, mianserina, mirtazapina, reboxetina); inhibidores de la recaptación de serotonina - ISRS - (por ejemplo, fluoxetina, fluvoxamina, paroxetina, sertralina, citalopram, escitalopram, buspirona); donantes de grupos metilo (S-adenosil-L-metionina).

Se ha demostrado que todas las clases de fármacos son eficaces en el tratamiento. En formas resistentes, se pueden utilizar combinaciones con estabilizadores del estado de ánimo (p. ej., litio, valproato, carbamazepina, oxcarbamazepina, gabapentina) y, en algunos casos, con hormonas tiroideas.

Hace unos años se ha introducido en el mercado una nueva molécula, la agomelatina (Tymanax, Valdoxan), que interviene sobre la melatonina y que parece tener una eficacia moderada sobre los síntomas depresivos, con menos efectos secundarios que los otros fármacos mencionados anteriormente.

El uso de antipsicóticos, en asociación con antidepresivos, está justificado en los casos en que el cuadro depresivo cursa con síntomas psicóticos.

Capítulo 8
Timidez

Los episodios de timidez son normales en todos nosotros; todos, de hecho, en algunas situaciones, lo hemos experimentado. Encontramos descripciones de la timidez que datan de todas las épocas y de todas las culturas: parece, por tanto, ser un elemento que siempre ha caracterizado y acompañado al ser humano.

La timidez ha sido descrita por los estudiosos de muchas maneras diferentes y aún no es posible dar una definición inequívoca: algunos se han centrado en sus aspectos psicológicos, internos a la persona, entendiendo la timidez como una experiencia subjetiva de preocupación y nerviosismo en situaciones sociales. Otros, en cambio, enfatizaron los aspectos más directamente observables de la timidez, es decir, sus implicaciones conductuales como la inhibición o evitación de situaciones interpersonales.

Lo que parece caracterizar a las personas tímidas, aunque en grados muy diferentes, es el sentimiento de estar sometidos a la observación y juicio de los demás; juicio que temen que sea negativo. Esto puede alimentar la baja autoestima y la poca confianza en uno mismo, lo que a su vez aumenta el miedo a no ser aceptado.

Las expectativas negativas de las personas que padecen una timidez excesiva hacen que se centren en sí mismas para tener bajo control lo que pueda ser criticado por los demás y su actitud, desde el exterior, parezca sumisa o inhibida.

La experiencia de la timidez es entonces muy heterogénea y abarca una serie de condiciones que se diferencian en la intensidad, la omnipresencia y el grado de sufrimiento causado a la persona.

Desde este punto de vista, la timidez se puede imaginar como parte de un continuo de "ansiedad social " que va de la normalidad a la patología. En un extremo podemos imaginarlo como una característica de la personalidad en sujetos completamente normales, en los que se manifiesta en algunas situaciones sociales sin causar un sufrimiento particular.

Podemos imaginar entonces una timidez más extendida y estable y capaz de hacer sufrir a la persona, para luego llegar a estados francamente patológicos como la fobia social y el trastorno de personalidad por evitación.

Fobia social (ansiedad social) - Síntomas y tratamiento

La característica principal de la fobia social es el miedo a actuar de manera vergonzosa o humillante frente a los demás y a recibir juicios negativos.

La ansiedad social puede llevar a quienes la padecen a evitar la mayoría de las situaciones sociales por temor a comportarse "mal" y ser mal juzgados.

La fobia social es un trastorno bastante extendido entre la población. Según algunos estudios, el porcentaje de personas que la padecen oscila entre el 3% y el 13%. También según estos estudios, parece que la ansiedad social caracteriza más a las mujeres que a los hombres.

Por lo general, las situaciones más temidas por quienes padecen fobia social (o ansiedad social) son aquellas que implican la necesidad de hacer algo frente a otras personas, como exponer una relación o incluso simplemente firmar, llamar o comer; a veces puede crear ansiedad social simplemente al entrar en una habitación donde las personas ya están sentadas o hablar con un amigo.

Características de la fobia social

Las personas que padecen fobia social tienen miedo de mostrarse ansiosas y de mostrar los "signos", es decir, temen enrojecerse, temblar, tartamudear, sudar, tener el corazón acelerado o quedarse callados sin poder hablar con los demás.

Por último, suele ocurrir que aquel que experimenta ansiedad social, cuando no se encuentra en una situación temida, reconoce su miedo como irrazonable y en consecuencia tiende a acusarse y culparse por no poder hacer las cosas que todo el mundo hace.

La fobia social, si no se trata, tiende a permanecer estable y crónica, y con frecuencia puede dar lugar a otros trastornos como la depresión.

Este trastorno parece comenzar normalmente en la adolescencia o en la adultez temprana.

Suelen existir dos tipos de Fobia Social:

• **Simple**, cuando la persona experimenta ansiedad social solo en uno o algunos tipos de situaciones (por ejemplo, no puede hablar en público, pero no tiene problemas en otras situaciones sociales como asistir a una fiesta o hablar con un extraño);

• **Generalizada**, cuando en cambio la persona teme casi todas las situaciones sociales. En las formas más graves y generalizadas, tiende a preferirse el diagnóstico de trastorno de la personalidad por evitación.

Síntomas de la fobia social

La principal característica de la fobia social es el miedo a estar en situaciones sociales o a ser observado mientras se hace algo, como hablar en público o, más simplemente, hablar con una persona, escribir, comer o llamar.

En situaciones sociales temidas, a los individuos con ansiedad social les preocupa parecer avergonzados y, sobre todo, temen que los demás los juzguen como ansiosos, débiles, "locos" o estúpidos.

Son síntomas de la fobia social, por tanto, el miedo a hablar en público por la preocupación de olvidarse de repente de qué decir o por el miedo a que los demás noten el temblor de las manos o la voz, o la ansiedad extrema al hablar con los demás por miedo a parecer confuso.

Los síntomas de fobia social (relacionados con la ansiedad) más percibidos son: palpitaciones (79 %), temblores (75 %), sudores (74 %), tensión muscular (64 %), náuseas (63 %), sequedad de boca (61 %), sofocos (57%), enrojecimiento (51%), dolor de cabeza (46%).

Evitaciones consiguientes

Los síntomas de la fobia social pueden hacer que las personas eviten comer, beber o escribir en público, por temor a avergonzarse de que otros puedan ver cómo les tiembla la mano.

Obviamente, estas personas tratan por todos los medios de evitar tales situaciones o, si se ven obligadas a hacerlo, las soportan con una carga de malestar muy alta.

Ansiedad anticipatoria

Otro rasgo típico de este trastorno es una marcada ansiedad social que precede a las situaciones temidas y que toma el nombre de ansiedad anticipatoria. Así, incluso antes de enfrentarse a una situación social (por ejemplo, ir a una fiesta o acudir a una reunión de negocios), las personas empiezan a preocuparse por ese evento.

Como suele ocurrir en los trastornos fóbicos, las personas que lo padecen reconocen, cuando están lejos de las situaciones temidas, que sus miedos son sólo absolutamente irrazonables, excesivos y tontos. Así llegan a culparse aún más por los síntomas de la propia fobia social y por sus conductas evitativas.

Cura de la fobia social

Al igual que con otros trastornos de ansiedad, la psicoterapia cognitiva conductual generalmente ha demostrado ser muy eficaz en el tratamiento de la fobia social. Algunos medicamentos a veces pueden ayudar.

Psicoterapia

La psicoterapia cognitivo conductual se centra en el "aquí y ahora", en el tratamiento directo del síntoma. Tiene como objetivo, por un lado, modificar los pensamientos disfuncionales, por otro lado, ofrecer a la persona mejores habilidades y capacidades para enfrentar situaciones temidas.

Las creencias disfuncionales o irracionales son pensamientos que las personas hacen sobre los eventos en los que están involucradas y que a su vez derivan de esquemas cognitivos rígidos y poco adaptativos. Como la creencia de que mostrar ansiedad es un signo de debilidad o la creencia de que los demás siempre te vigilan de cerca.

Tales pensamientos solo entran en operación, por así decirlo, cuando una persona se enfrenta a una situación social. Es decir, debe exponerse a un posible juicio de los demás, desencadenando así la ansiedad y la consiguiente sensación de pérdida de control.

El tratamiento de la fobia social, por un lado, tiene como objetivo modificar estos supuestos durante el trabajo de psicoterapia, por otro lado, intenta enseñar habilidades para manejar mejor las situaciones sociales.

Estas habilidades suelen incluir tanto técnicas (como el entrenamiento de relajación) para controlar la ansiedad como técnicas para controlar la interacción verbal.

La terapia cognitiva conductual para el tratamiento de la fobia social se puede realizar muy bien en sesiones individuales. Esto no quiere decir que, cuando sea posible, el tratamiento en grupo tenga ventajas considerables, empezando por el hecho evidente de que uno ya está en una situación social.

Terapia farmacológica

El tratamiento farmacológico de la fobia social, aunque generalmente ineficaz, se basa básicamente en dos clases de fármacos: las benzodiazepinas y los antidepresivos.

La prescripción de benzodiazepinas solas rara vez es efectiva. En el caso de la ansiedad social, sin embargo, tanto el alprazolam como el clonazepam han demostrado cierta eficacia.

A pesar de esto, el uso de estas moléculas siempre debe evaluarse cuidadosamente por los efectos adictivos y abusivos que pueden desarrollar. Así como por las posibles dificultades (como el desarrollo de una ansiedad de "rebote") que se pueden generar cuando se suspenden.
Entre los antidepresivos tricíclicos, normalmente la molécula más utilizada de esta clase es la imipramina. Sin embargo, el uso de estos fármacos en el tratamiento de la fobia social no parece ser especialmente prometedor.

Entre los inhibidores selectivos de la recaptación de serotonina (ISRS), la fluvoxamina, la fluoxetina, la sertralina y la paroxetina se han utilizado para el tratamiento de la ansiedad social.

Algunos más o menos, todos han mostrado cierta eficacia en la remisión sintomática, aunque hay que recalcar que los resultados no siempre se mantienen cuando se suspende el fármaco. Por lo menos, estas moléculas tienen un nivel más bajo de efectos secundarios que otras clases de medicamentos.

Capítulo 9
Vergüenza: de la función evolutiva a la psicopatología

La vergüenza es una emoción que se encuadra dentro del conjunto de las que se han definido como emociones secundarias. Estas emociones, a diferencia de las primarias (ira, miedo, tristeza, alegría, sorpresa, desprecio, asco) parecen desarrollarse gracias a la interacción.

De hecho, la vergüenza para que se sienta requiere la presencia física o mental de un grupo de referencia o, al menos, de reglas internas de comportamiento a seguir. En general, la vergüenza se define como una activación emocional repentina relacionada con la exposición al juicio negativo de los demás.

Cómo funciona la vergüenza

Según el enfoque psicoevolutivo, es decir, aquella rama de la psicología que adopta la teoría evolutiva de Darwin como clave de lectura para explicar los procesos psicológicos, la emoción de la vergüenza se ha desarrollado con el fin de garantizar la permanencia del individuo dentro de su grupo social de pertenencia.

En general, el impulso del ser humano por presentar a los demás una imagen positiva de sí mismo ha jugado un papel fundamental en la evolución de nuestra especie. Ser bienvenido por su grupo significó asegurar el acceso a recursos que de otro modo serían inalcanzables individualmente. La proximidad del otro no solo garantiza bienes materiales, sino que permite satisfacer necesidades psicológicas fundamentales como la seguridad, la regulación emocional y la autoestima. Es claro, por tanto, que mantener una buena imagen de sí mismo en la mente del otro es una prioridad para el ser humano.

La emoción de la vergüenza parece estar conectada con el mantenimiento de esa imagen, actuando como una señal interna que indica cuándo nuestra imagen social podría verse amenazada.

Cuando esta imagen es cuestionada y la persona percibe una amenaza a la forma en que es vista por los demás, el cerebro activa un conjunto de reacciones fisiológicas en el organismo que conducen a un estado caracterizado al que atribuimos el nombre de vergüenza.

Paralelamente a las sensaciones corporales, el estado de vergüenza favorece el surgimiento de pensamientos e imágenes mentales centradas en el tema del rechazo por el otro hasta el propio ataque por ser considerados débiles y defectuosos. La persona que siente una vergüenza intensa se demora en pensamientos en los que su imagen social está irremediablemente comprometida y está convencida de que le faltará en términos de habilidad, talento o atractivo estético.

La función de la vergüenza, sin embargo, no termina en su capacidad de señalar una amenaza a la imagen social, sino que al igual que otras emociones motiva acciones que pueden reducir esa amenaza. De esta forma, el estado de vergüenza activa un conjunto de conductas encaminadas a comunicar sumisión y pacificación al otro con el objetivo de restablecer la relación.

Algunos ejemplos de estos comportamientos son la caída de la cabeza, evitar el contacto visual, huir o la necesidad de esconderse. Estas acciones están encaminadas a interrumpir una posible escalada o desactivar un conflicto interpersonal que vería a la persona víctima del rechazo social y por tanto de la exclusión.

Las experiencias de vergüenza se caracterizan por ser situaciones en las que la persona ha sido criticada, rechazada, excluida o ignorada por los demás. Tales experiencias se procesan cognitivamente y conducen a la construcción de una idea de uno mismo como poco atractivo, indeseable, defectuoso o desagradable. Algunos ejemplos de tales experiencias pueden ser decir: "Creo que eres mejor que eso", "Si engordas no encontrarás a nadie que te ame".

La literatura muestra cómo cuando existe una ausencia de calidez y seguridad en las relaciones o una alta dosis de amenaza, vergüenza o sumisión pueden conducir a un subdesarrollo del sistema emocional que regula las emociones positivas dando como resultado conductas de sumisión basadas en el miedo al rechazo.

Los seres humanos, como mamíferos, poseemos la capacidad y el impulso evolutivo de apego y protección de la descendencia. Este impulso encuentra una respuesta simétrica y complementaria en la tendencia de la descendencia primero y luego del adulto, a responder positivamente a las señales sociales y físicas de cercanía, cuidado y afecto. Algunos autores han planteado la hipótesis de que estas señales activan un sistema de regulación emocional particular denominado "Sistema de afiliación".

La capacidad de usar y activar este sistema se desarrolla durante la infancia gracias a interacciones positivas, seguras y validadoras con las figuras de referencia relevantes. Al hacerlo, la persona desarrolla memorias y habilidades de regulación emocional que le harán sentirse seguro y capaz de gestionar sus emociones (incluida la vergüenza). Sin embargo, si no se han realizado tales experiencias, el sistema de filiación parece haber sido incapaz de llevar a cabo su función tranquilizadora en el individuo adulto.

Los niños inseguros representan a los demás como amenazantes al volverse extremadamente atentos al rango social al enfocarse en la posibilidad de que otros los controlen, los lastimen y los rechacen. En este contexto, una vez que crezcan desarrollarán estrategias defensivas encaminadas a la autocrítica para prevenir ataques y rechazos sociales, volviendo así a los adultos hipersensibles a las experiencias de vergüenza.

Tipología de la vergüenza

Hasta el momento se han identificado dos tipos de vergüenza que, si bien interactúan, intentan explicar la complejidad de la experiencia emocional que se siente cuando el ser humano se avergüenza.

Vergüenza externa: se origina a partir de pensamientos e imágenes de nosotros mismos en la mente del otro. Está ligado a la idea de que los demás nos ven de forma negativa (poco atractivos, refutables, débiles) y tienen sentimientos de ira y desprecio hacia nosotros. Cuando se activa la emoción de la vergüenza externa, el mundo se representa como amenazante favoreciendo la aparición de conductas protectoras similares a las mencionadas anteriormente, como la evitación, el retraimiento y la huida. La activación de la vergüenza externa parece estar relacionada con una desregulación momentánea de la capacidad de procesar información del exterior, lo que resulta en la experiencia común de vacío mental. El foco está en los contenidos presentes en la mente del otro con respecto a uno mismo.

Vergüenza interna: este tipo de vergüenza se trata de cómo la persona se ve a sí misma a la luz de sus propios ojos. Tiene sus raíces en el desarrollo de la autoconciencia y en las valoraciones que la persona tiene respecto a su forma de ser. La persona se considera inadecuada, mala, deficiente o defectuosa; tiende hacia la autoevaluación y la autocrítica. La persona se convierte en su propio juez al desempeñar la función que tienen los demás en la emoción de la vergüenza externa.

Está claro que los dos tipos de vergüenza se superponen en gran medida y pueden interactuar reforzándose mutuamente. En particular, la vergüenza interna parece ser un mecanismo innato que nos permite protegernos de la vergüenza externa.

Cuando la persona se encuentra en situaciones que pueden dañar la idea que los demás tienen de ella, se activaría la vergüenza externa que, de ser gestionada, favorecería la aparición de la vergüenza interna para proteger a la persona de acciones o conductas ridículas. De hecho, es mejor ser duro contigo mismo y protegerte que exponerte al ridículo frente a los demás.

Sin embargo, si esta estrategia es efectiva en el corto plazo, el efecto secundario es el de construir un mundo externo amenazante y un mundo interno agresivo, hostil y devaluador. Bajo este tipo de amenazas (externas e internas) la persona se siente abrumada e indefensa, incapaz de encontrar un lugar seguro donde refugiarse.

En ese momento, la misma emoción de vergüenza y el sentimiento de inferioridad se convierten en objeto de una actividad rumiante que se asocia con síntomas depresivos.

Vergüenza y psicopatología

La vergüenza se asocia con algunos síntomas psicopatológicos, en particular los trastornos alimentarios, la ansiedad social, la depresión y el trastorno de estrés postraumático.

La excesiva tendencia a ser objeto de sentimientos de vergüenza se ha identificado como resultado de una autoidea negativa que se ha interiorizado a través de experiencias sociales tempranas.

Aunque la vergüenza se conceptualiza como una emoción adaptativa ya que promueve conductas prosociales, se ha demostrado que su forma disposicional, y por tanto la tendencia crónica a experimentar vergüenza, está asociada con conductas desadaptativas, ira y agresión.

Según Lewis, la ira se activaría como una respuesta defensiva y reactiva a los sentimientos de vergüenza. Gracias a la reacción de ira dirigida hacia los demás, la persona adquiere una sensación parcial de control y alivio con respecto a la amenaza de rechazo social derivada de la experiencia de la vergüenza. La vergüenza serviría como una señal para comunicarnos a nosotros mismos que existe una amenaza para el estatus social de uno.

En este sentido, hay dos posibles respuestas: aceptar el nuevo estatus social inferior comunicándolo con expresiones verbales y no verbales de sumisión o intentar mantener el propio estatus aumentando el atractivo social o mediante comportamientos agresivos y de enfado.

Aunque la vergüenza es una emoción adaptativa y fundamental para el desarrollo individual, la literatura ha enfatizado cómo cuando se convierte en una emoción persistente y dominante dentro de la vida del individuo conduce a resultados desadaptativos y generalizados, que merecen atención clínica y una consecuente intervención psicoterapéutica dirigida a comprender sus orígenes y reducir su intensidad.

Capítulo 10
Empatía: las diferencias entre hombres y mujeres

"Los hombres no lloran, las mujeres sí, ya que son más sensibles".

Estos y otros estereotipos de género han perpetuado la creencia de que las mujeres son más empáticas y cariñosas que los hombres no solo con los seres queridos sino también con los extraños.

La empatía es la capacidad de comprender las emociones y el punto de vista de otra persona y utilizar esa comprensión para guiar la acción futura. Este proceso involucra la activación de funciones complejas en muchos niveles, aunque la neurociencia nos ha enseñado que es parte de la composición genética de nuestra especie y es probablemente uno de los motores más poderosos de la evolución.

Los componentes de la empatía fueron identificados por primera vez, acercándose a una visión multidimensional, por Norma Feshbach. La empatía para Feshbach asocia elementos cognitivos y afectivos y se compone de tres componentes: la capacidad de decodificar los estados emocionales de los demás, la capacidad de asumir el rol y la perspectiva del otro, y la capacidad de responder afectivamente a las emociones sentidas por los demás. Los dos primeros componentes son habilidades cognitivas, mientras que el tercero asocia la empatía con una esfera afectiva y emocional.

Además de los componentes cognitivo y afectivo, según Hoffman, la experiencia empática se compone de un tercer factor: el componente motivacional. Sentir empatía por una persona que sufre, en efecto, representaría una motivación para implementar conductas de ayuda y activar conductas de cuidado. El efecto motivador depende de que compartir la emoción del otro, protegiéndolo, hace que quien ayuda sienta un estado de bienestar, mientras que la elección de no ayudar al otro traería consigo un sentimiento de culpa.

Obviamente, estos procesos maduran con la edad y están influenciados por el entorno de desarrollo y la cultura de referencia. La capacidad de identificarse con los demás está dada por la biología, los efectos de esta capacidad están dados por la cultura.

Por lo tanto, los procesos vinculados a la empatía motivan el comportamiento prosocial (por ejemplo, compartir, consolar y ayudar) y cuidar a los demás, para inhibir la agresión y proporcionar la base para una "ética del cuidado". Por lo tanto, algunos estudios querían investigar la relación entre la moral y la empatía, ya que estos procesos complejos activan los mismos circuitos cerebrales.

Algunas investigaciones muestran que las regiones del cerebro que sustentan la moralidad comparten recursos con circuitos que controlan otras habilidades, como la prominencia emocional, la comprensión de los estados mentales de otras personas y la toma de decisiones.

La identificación del cariño y la bondad amorosa como dominios importantes de la moralidad ha estimulado el interés por las diferencias de género en las conductas prosociales. De acuerdo con los teóricos de la socialización de género, se alienta a las niñas, más que a los niños, a exhibir comportamientos amorosos y afectuosos.

El proceso comienza temprano en la vida a través de prácticas específicas de género por parte de los padres, otros miembros de la familia, compañeros, otros adultos y mediante políticas institucionales. Por ejemplo, las niñas pueden ser elogiadas o animadas a mostrar preocupación y expresar tristeza hacia alguien que sufre, mientras que los niños pueden ser castigados o burlados por el mismo comportamiento.

El impacto de tales experiencias de género en los comportamientos prosociales se acumula y se intensifica con el tiempo. Por ello muchos estudios sobre empatía y conciencia moral se han orientado a detectar diferencias de género, confirmando muchas veces el prejuicio de que las mujeres son más capaces de empatía y conductas prosociales que los hombres, sin embargo, un estudio muy reciente ha querido cuestionar los resultados de los estudios realizados hasta ahora.

Se construyeron dos estudios: el primero, que proponía una tarea experimental que suscita respuestas automáticas ante el dolor de los demás, junto con una tarea que estimula un dilema moral; en el segundo estudio, se agregaron medidas obtenidas de cuestionarios de autoinforme a los resultados derivados de los experimentos. Los resultados indican que las diferencias de género en la empatía no son omnipresentes; más bien emergen bajo condiciones específicas. Con las mediciones relacionadas con las tareas experimentales, las diferencias fueron mínimas, mientras que con la adición de las mediciones de autoinforme, la brecha de género fue muy visible.

Como predijeron los autores, los diferentes desempeños en las tareas experimentales de empatía y las medidas de autoinforme pueden reflejar diferencias de género en cómo las mujeres y los hombres empáticos quieren parecer o no. Si bien no existen diferencias inherentes en los niveles de empatía entre los géneros, las mujeres podrían suponer que se espera que se presenten a sí mismas como más empáticas, favoreciendo así la elevación de las puntuaciones en las medidas de autoinforme de conductas empáticas y prosociales. En cambio, los hombres pueden abstenerse de describirse a sí mismos como cariñosos y sensibles.

Por lo tanto, las preguntas de las herramientas de autoinforme pueden inducir respuestas influenciadas por la identificación de los participantes con los estereotipos. Las mujeres, de hecho, pueden pensar que se espera de ellas un cierto grado de empatía y moralidad que, de no estar presente, podría suscitar el juicio por parte del otro y el consiguiente sentimiento de culpa, mientras que para los hombres podría ser más sencillo. sentimiento de culpa por una reacción poco empática ya que no sería una habilidad expresamente requerida.

Capítulo 11
Envidia: una emoción universal pero a veces maligna

La envidia es una emoción universal que experimentamos hacia alguien cuando valoramos que su éxito destaca la inferioridad de nuestro estatus o nuestra derrota. Muchas veces se dirige hacia aquellos que, mediante una actuación similar a la nuestra, obtienen un resultado que queremos para nosotros: por tanto, para los éxitos que están a nuestro alcance. Por lo general, incluye ira y rumiación constantes, basadas en la amenaza al estatus.

La función evolutiva de la envidia se refiere a la activación de la motivación para asumir y perseguir conductas encaminadas a mejorar su posición en la jerarquía social, o a modificar la matriz de distribución de los recursos disponibles. Sin embargo, es frecuente que se asocie a estados como la ansiedad, la depresión, la ira, la vergüenza y el resentimiento. Y puede generar comportamientos nocivos para las relaciones de amigos, familiares y compañeros, con el riesgo de perjudicar el funcionamiento social y laboral.

En la literatura encontramos distinciones entre envidia maligna, benigna, depresiva u hostil. Si la envidia benigna es comparable a la admiración y conduce a una mejora en nuestro desempeño, la envidia maligna disminuye la motivación para mejorar. En el depresivo, la comparación con los demás nos hace experimentar emociones como tristeza y abatimiento; en el hostil, en cambio, se detecta ira y hostilidad dirigidas a arruinar al otro y desear su fracaso, criticarlo, desacreditarlo o

restarle importancia al fin alcanzado por él. También
puede haber un aspecto del placer que proviene del
fracaso de las personas envidiosas.

La envidia es por tanto una emoción universal, presente
en todos los grupos sociales. No puede, y no debe, por
lo tanto, ser eliminado. Sin embargo, es posible trabajar
para reducir los efectos disfuncionales que puede
producir.

Para trabajar en este sentido, reconocer que se siente
envidia es el primer paso necesario: de hecho, esto ya
puede modificar las propias reacciones tras el éxito de
los demás.

La envidia a menudo se asocia con otras emociones. Por
ejemplo, ira, tristeza, vergüenza, culpa, impotencia,
ansiedad, arrepentimiento y desesperación. Estas
pueden generar la adopción de métodos de
afrontamiento disfuncionales, como la rumiación, la
queja, la búsqueda de tranquilidad, la autocrítica, la
evitación, hasta la ideación suicida. Para ello es
necesario validar las emociones dolorosas y
desorientadoras que acompañan a la envidia: y por
tanto aceptar que es posible, y natural, experimentarlas
y darles espacio y sentido. También es útil para
aumentar la conciencia de que la envidia también puede
asociarse a emociones como la curiosidad, el aprecio, la
gratitud, la satisfacción, la admiración y el entusiasmo,
que pueden promover la adopción de conductas
beneficiosas y funcionales.

También se hace imprescindible trabajar directamente
para reducir y modificar las conductas disfuncionales
derivadas de la envidia. Por ello, es fundamental
identificar estrategias de afrontamiento disfuncionales

como, por ejemplo, quejarse ante los demás de la injusticia sufrida, adoptar conductas de sabotaje, disminuir el objeto de la envidia, rumiar, evitar a la persona envidiada, retraerse socialmente, abusar del alcohol y otras sustancias. en el comportamiento autodestructivo. Es importante ser consciente de que sientes envidia y otras experiencias emocionales no equivale necesariamente a adoptar conductas acordes con ellas: y por lo tanto distinguir claramente la emoción, o emociones, experimentadas de las conductas que pueden derivarse.

De hecho, suelen ser estos últimos los que causan problemas y no la emoción en sí. Además de promover la posibilidad de adoptar comportamientos ventajosos, optar por actuar no cediendo a la envidia, sino por ejemplo de acuerdo con los propios valores, también influye en el tipo e intensidad de las demás emociones que sentimos: aceptar, normalizar y tolerar la presencia de la envidia, adoptar comportamientos encaminados a lograr objetivos que nos resultan ventajosos nos permite experimentar la posibilidad de elegir cómo comportarnos y esto también aumenta la percepción de autocontrol y control sobre nuestras acciones.
Las técnicas de terapia cognitivo-conductual son útiles para cuestionar las creencias disfuncionales sobre uno mismo, los demás, el mundo y la competencia y las distorsiones cognitivas que suelen asociarse a la envidia y que repercuten significativamente en la adopción de conductas disfuncionales. Estas técnicas también son útiles para modificar errores que llevan, por ejemplo, a centrar la atención de forma errónea (por ejemplo, en los propios fracasos) y a seleccionar recuerdos en la memoria que son coherentes con los propios fracasos y con los éxitos de los demás.

Y, de nuevo, reducir el foco de atención sobre el comportamiento del otro que puede derivar de él y que muchas veces implica una merma en el rendimiento.

Las estrategias cognitivo -conductuales también nos permiten aumentar la dedicación a otras fuentes de gratificación que pueden estar presentes en la vida de las personas, pero que son devaluadas en su importancia e hipoinvertidas. Y también a modificar formas disfuncionales de evaluarse a sí mismo y a los demás, excesivamente centradas en la comparación, exponiéndolas a vivir experiencias como la ansiedad, la frustración o el desprecio. Las estrategias cognitivas también son útiles para reducir la importancia atribuida al logro de ciertos estándares de desempeño.

Esta tendencia, que a menudo se encuentra en personas que tienden a experimentar envidia de manera frecuente e intensa, lleva a pensar en la propia vida como una competencia, definida solo por conceptos como competencia, jerarquía y éxito. Esto los hace vulnerables a la insatisfacción y al miedo a perder su estatus, impidiéndoles también disfrutar de los éxitos obtenidos y que supusieron un enorme gasto emocional.

La terapia cognitivo -conductual para la envidia también te permite aflojar la rigidez en los conceptos de 'éxito' y 'fracaso', que muchas veces se definen sobre la base de todo o nada: "o saco la mejor puntuación de todas o soy un completo fracaso". Y redefinir los aspectos positivos de un posible fracaso en términos, por ejemplo, de oportunidades de mejora y motivación para orientar la conducta de manera funcional en esa dirección.

Finalmente, las técnicas cognitivo-conductuales y metacognitivas son útiles para trabajar la rumiación, por ejemplo, sobre la injusticia sufrida, que puede derivar de la envidia. Trabajar en esto también le permite poder cambiar el foco de atención de manera productiva al identificar los recursos y fortalezas del otro que luego se pueden definir, funcionalmente, en términos de objetivos a alcanzar.

Soltar modalidades disfuncionales integrándolas con otras más ventajosas nos permite aumentar la calidad de vida general, trabajar productivamente orientados a resultados con un menor gasto emocional y poder apreciar y obtener satisfacción de los resultados que somos capaces de alcanzar.

Capítulo 12
Celos obsesivos

Los celos son un estado emocional complejo, un sentimiento común, más o menos aceptado según los contextos históricos y culturales.

Podemos definirlo como la amenaza percibida de pérdida de una relación significativa, con un rival imaginario o real, que se manifiesta con componentes emocionales, cognitivos y conductuales.

Los celos traen consigo una mezcla de emociones como la ansiedad, la preocupación, la tristeza, la ira, el odio, el arrepentimiento, la vergüenza, la amargura y la envidia que se pueden considerar en un continuo, desde lo normal hasta lo patológico.

Celos sanos y patológicos:

Celos saludables

Algunas formas de celos se consideran "normales", o socialmente aceptadas, en relación a la proporción de la reacción ante situaciones de posible infidelidad. En estos casos la persona mantiene la gestión de sus emociones sin agobiarse. Eventualmente cambia sus creencias y comportamientos a medida que obtiene nueva información.

Celos patológicos

Por otro lado, puede tomar matices patológicos, desviándose de los celos "normales" cuando la experiencia emocional se torna anormal. Es decir, de una intensidad inusual, persistente, con contenidos emocionales y cognitivos incoercibles. Esto aun cuando racionalmente puedan considerarse absurdas o, finalmente, cuando las creencias se vuelven "impermeables" incluso ante cualquier confrontación con la realidad.

En este caso, los celos comienzan con una intensa reacción de activación, denominada "destellos de celos", provocada por un cambio (real o imaginario) en el comportamiento de la pareja. A esto le sigue un paroxismo de emociones dolorosas, acompañado de malas interpretaciones y la búsqueda de pruebas.

Las personas patológicamente celosas se involucran en comportamientos específicos, como acusaciones e interrogatorios, llamadas telefónicas repetidas, revisar teléfonos y correspondencia. Pero también visitas sorpresa, conductas persecutorias, prohibiciones a las parejas de ver a sus amigos, salir solos o llevar determinada ropa, hurgar en ropa y efectos personales. Hasta la inspección de la ropa interior para encontrar pruebas contundentes de la infidelidad de la pareja.

Como resultado, estas personas pueden aislarse y desarrollar una variedad de síntomas (sensación de impotencia, aislamiento, pasividad extrema, etc.) y experimentar ansiedad y depresión que también pueden promover el abuso de alcohol o drogas.

Diagnóstico de los celos patológicos:

Síntomas de los celos obsesivos

Los celos patológicos tienen algunas características que los diferencian de los celos normales.

Para serlo debe ser excesivo, intrusivo e injustificado. La sospecha y la paranoia se convierten en rasgos definitorios. El celoso patológico está impregnado de duda y la incertidumbre es intolerable.

También debe crear un fuerte compromiso de la relación de pareja en la que la tranquilidad es ineficaz y el control del comportamiento de la pareja se vuelve obsesivo.

Celos patológicos y nosología

A nivel diagnóstico, los celos patológicos no tienen una entidad nosológica específica. A menudo se presenta como parte de la psicopatología obsesivo-compulsiva o como un trastorno delirante de tipo celoso.

También puede ser componente de numerosos trastornos psicopatológicos, como la adicción a sustancias o el alcoholismo, la esquizofrenia, la depresión, trastornos orgánicos (Alzheimer, Parkinson, tumores cerebrales, etc.), o puede ser un efecto secundario de tratamientos farmacológicos.

Diagnóstico diferencial

En los llamados celos obsesivos, a diferencia del trastorno delirante, la persona sabe que no tiene indicios de infidelidad. A pesar de esto, no puede detener los pensamientos intrusivos y los comportamientos de control, pero reconoce los celos como inaceptables, extraños y vergonzosos.

Por el contrario, en el trastorno delirante con temas de celos no se cuestiona la veracidad de la sospecha. A menudo hay recuerdos falsos, interpretaciones extrañas del comportamiento de la pareja e intentos de obtener una confesión.

Los celos patológicos (u obsesivos) a menudo se asocian y por lo tanto se diagnostican (cuando el componente delirante no está presente) dentro del espectro obsesivo-compulsivo, identificando los pensamientos intrusivos, repetitivos e irracionales sobre la infidelidad de la pareja como obsesiones y controles o la búsqueda de tranquilidad de la pareja como compulsiones.

Sin embargo, aunque la fenomenología puede ser en teoría similar a la de un trastorno obsesivo-compulsivo (TOC), es incorrecto diagnosticar esta manifestación sintomática como TOC.

Paranoia y desconfianza en los celos obsesivos

Algunas claves nos llevan a apoyar esta posición, que no siempre es compartida. El tema de los pensamientos, de hecho, aunque los llamemos "intrusivos", no es propio del trastorno obsesivo-compulsivo, se parece más bien a la llamada paranoia, ya que en la base de los pensamientos existe la sospecha de que el otro es malévolo o amenazante.

Los pensamientos en este caso se deben a una fuerte suspicacia, más o menos egosintónica, que no llega a tener forma de delirio y que mantiene a la persona "funcionando" en los diversos ámbitos de la vida, pero con una fuerte polarización del pensamiento hacia la sospecha o la duda de la infidelidad.

El núcleo personológico, sin embargo, sigue siendo el discriminante diagnóstico a tener muy en cuenta cuando nos encontramos ante una manifestación sintomatológica como los celos obsesivos.

Celos obsesivos y trastornos de personalidad:

Trastorno límite de la personalidad y celos

En el Trastorno Límite, por ejemplo, el miedo excesivo al abandono es nuclear, lo que puede dar lugar a reacciones anormales ante un alejamiento real o imaginario de la persona significativa por desamor. Esto puede conducir a aterradoras fantasías de abandono, muy exacerbadas por la presencia imaginaria de un "rival" más deseable o más adorable.

También puede haber rasgos de desconfianza excesiva e intolerancia a las emociones fuertemente negativas. Estos se manejan muchas veces con conductas impulsivas encaminadas a bajar la intensidad emocional, pero potencialmente disfuncionales para el sujeto.

Trastorno de personalidad paranoica y celos

También en el Trastorno Paranoico podemos encontrar manifestaciones de celos patológicos, aunque ligados a la percepción del otro como engañoso y a un perfil de sospecha generalizada hacia los demás en general.

Trastorno de personalidad dependiente y celos

Por último, en el Trastorno Adictivo es posible encontrar fuertes miedos a la separación que pueden llevar al paciente a experimentar un intenso estado de alarma ante la idea de que la pareja pueda alejarse (quizás por la presencia de un "rival") y dirigirla su ideación hacia aterradoras fantasías de traición y abandono.

Tratamiento de los celos obsesivos

La investigación muestra que en el encuadre diagnóstico y en el tratamiento es importante prestar atención no sólo a la fenomenología del síntoma sino también a los componentes cognitivos y al sustrato personológico.

La psicoterapia es el tratamiento de elección para resolver las causas de los celos obsesivos.

La investigación destaca la eficacia de la psicoterapia cognitivo-conductual que, mediante el uso de técnicas cognitivas y conductuales, pretende mejorar el autocontrol y gestionar el componente cognitivo-emocional de los celos.

En particular, el enfoque de Schema Therapy ha demostrado su eficacia en el tratamiento de los celos obsesivos. Este enfoque tiene como objetivo reconocer y eliminar los patrones disfuncionales que se cree que están en la base de la inseguridad hacia la pareja.

Finalmente, en los casos en que exista una complementariedad entre las conductas de la pareja, es recomendable tomar un camino que implique aprender una serie de estrategias también en la pareja para evitar que los celos sean alimentados y mantenidos por sus propias conductas.

Capítulo 13
Consejos para el manejo
de las emociones

Alegría, miedo, ira, tristeza... las emociones forman parte del día a día y colorean cada uno de sus ámbitos. Sin embargo, no siempre es fácil poder acogerlos. Dependiendo del temperamento de cada uno, las emociones pueden vivirse con tal intensidad que acaban por abrumarte, a veces a riesgo de encontrarte en situaciones incómodas o, por el contrario, de preferir enterrarlas para que no se vea nada. Sin embargo, si muchas veces se piensa que el control de las emociones es innato, no es así: la gestión de las propias emociones se aprende.

El reto de una buena gestión emocional es conseguir apaciguarte sea cual sea tu situación, seas hipersensible o no. Permite que tus emociones vuelvan a su función esencial: ayudarte a orientarte y adaptarte a los estímulos ambientales. Además, las emociones pueden serte de gran utilidad, siempre y cuando las acojas en conciencia, las trates con responsabilidad y te comprometas a dejarlas circular libremente.

Es para afrontar estos tres retos que te ofrecemos tres sencillos, pero muy efectivos consejos que te permitirán gestionar mejor tus emociones y, de forma más amplia, desarrollar la inteligencia emocional.

1. ¿Estoy gestionando bien las emociones?

La gestión emocional es un aprendizaje que te permite estar en sintonía con ellas. Gracias a esto, poco a poco aprendes a recibirlas con calma, aceptando dejarlas cruzarte sin temor a que te invadan.

También se trata de aprender a vivirlas y a utilizarlas como un apoyo real, de cara a una mejor estabilidad emocional en diferentes situaciones: por ejemplo, mantener el control emocional en una situación de agotamiento profesional será de gran ayuda.

Aunque el manejo de las emociones puede referirse a diferentes realidades dependiendo de tus dificultades emocionales particulares, es fundamental para tu crecimiento. Gracias a ella, poco a poco consigues encontrar el equilibrio que más te conviene entre el miedo a ser abrumado por tus emociones y el deseo de reprimirlas por completo.

El principal objetivo de la gestión de las emociones es ayudarte a expresarlas con claridad y serenidad con amabilidad hacia ti mismo y hacia el otro que recibe la interpretación de tus emociones. Ofreciendo beneficios en cada una de las esferas donde se expresan las emociones, este aprendizaje ayuda a construir tu confianza en uno mismo.

¿Cómo controlar tus emociones?

Los siguientes tres consejos se alinean con el ciclo de vida de las emociones. Completar este ciclo te hará más rico por haber vivido y sumergido conscientemente en la emoción, y más libre en tu posicionamiento frente a tu vida emocional. Además, estos consejos también hay que tenerlos en cuenta para vivir mejor con tu hipersensibilidad.

Los tres consejos para controlar tus emociones son:

1.	Consejo 1: Identifica tus emociones
2.	Consejo 2: Entiende sus orígenes
3.	Consejo 3: Atrévete a expresar tus emociones

- **Consejo 1: Identifica tus emociones**

El primer paso para una mejor gestión emocional es familiarizarse con su vida emocional a través de la escucha atenta de todas las señales internas asociadas con las emociones que lo atraviesan.

Efectivamente, saber identificar tus emociones es una de las claves de una buena salud mental, y el mero hecho de poder nombrarlas por ti mismo ya ayuda a reducir su impacto a todos los niveles, y a calmarte.

Diferentes criterios deberían permitirte ser más claro sobre la naturaleza de tus emociones. Entre ellos, la valencia es el criterio básico que determina si estás ante una emoción agradable o desagradable. Esto puede parecer simplista, pero es fundamental ser consciente ante todo de lo que te hace la emoción, y qué sensaciones (físicas y psíquicas) están asociadas a esta valencia.

Puede ser una agitación o, por el contrario, una sensación de calma intensa, una sensación de lucha ante la emoción o, por el contrario, una total aceptación de lo que estás haciendo. Puedes sentirte perdido y lleno de dudas, o puedes experimentar una gran claridad y coherencia cuando la emoción está en sintonía con tu posicionamiento racional.

Estos elementos, que son solo ejemplos entre otros, te permiten alimentar y comprender conscientemente las emociones que te atraviesan, para hacerlas existir como realidades objetivas en tu campo de conciencia y darles la legitimidad que merecen, aunque podría disiparse tan fácilmente sin permitirle captar su mensaje a su debido tiempo.

Un ejercicio sencillo, pero especialmente potente es plantearse abiertamente la pregunta, ante una nueva emoción: "¿Cómo me siento?". Hacer el esfuerzo de ponerle nombre a tus sentimientos es fundamental, y rápidamente sentirás que las emociones negativas pierden su poder sobre ti, en la medida en que las permitas y las reconozcas por lo que son.

Para familiarizarse con este proceso y convertirlo en una rutina natural y espontánea, puede tomarse unos minutos cada día, cada vez que tenga la oportunidad, para nombrar sus estados internos con este nombre, incluso cuando no pase nada extraordinario por usted.

El hábito de la escucha interior y del discernimiento te permitirá sacar el máximo partido a tus emociones: identificarlas en un primer momento te garantiza poder, en un segundo paso, trabajarlas para comprender lo que tienen que decirte y darte, la oportunidad de actuar en consecuencia.

Ten en cuenta que una emoción no tenida en cuenta, es decir, no consciente de lo que es (es decir, de lo que te hace), tenderá a manifestarse una y otra vez, a veces hasta volverse sofocante y abrumador. Por ejemplo, cuando uno se siente profundamente culpable, puede desarrollarse un trastorno de culpa.

La vida emocional tiene, en efecto, su propia inteligencia, y su propósito es enviarles un mensaje acerca de los asuntos íntimos que son suyos con respecto a una situación dada. Estos problemas, si a veces pueden escapar de la conciencia, especialmente en el caso de experiencias difíciles, vuelven a manifestarse a través del cuerpo y la emoción, para que siempre puedas adaptarte a la realidad y actuar de la manera que más te convenga.

- **Consejo 2: Entiende sus orígenes**

Una vez que eres capaz de poner palabras a tus emociones, el otro paso para controlar tus emociones es detenerte el tiempo que sea necesario en todo el viaje intelectual y psíquico que tiene lugar cuando se produce una emoción.

Este paso te permite comprender mejor en qué creencias, patrones de pensamiento o experiencias negativas está arraigada la nueva emoción. Se trata de entender lo que te viene a decir respecto a tu construcción personal, pero también de limitar el impacto de su toma en cuenta, que se basaría exclusivamente en interpretaciones, es decir pensamientos o sesgos cognitivos, que refuerzan creencias íntimas desarrolladas sobre la base de una evaluación de la suma de sus experiencias.

En efecto, es natural, desde un punto de vista cognitivo, categorizar y clasificar los elementos de la realidad de tal manera que se integren en conjuntos y subconjuntos estructurados, según relaciones lógicas que constituirán rejillas operativas de lectura para comprender el mundo.

En resumen, la experiencia vivida se observa de tal manera que se extraen de ella reglas aplicables a la vida cotidiana. Sobre estas construcciones cognitivas se formarán las creencias. Se nutren simultáneamente de la concepción de uno mismo y de los demás como una realidad inconsciente, a partir de experiencias pasadas, especialmente tempranas (defectos narcisistas, fragilidad emocional, etc.).

Integrando la dimensión emocional, estas creencias aportan una visión más rica de la realidad que las grillas de lectura estrictamente cognitivas desarrolladas. Sin embargo, siguen siendo insuficientes como herramientas para analizar la realidad. Estas creencias son, de hecho, constantemente alimentadas y reforzadas por procesos automáticos, la mayoría de las veces inconscientes, que tienen como objetivo validar su contenido a toda costa, incluso sobre la base de sesgos cognitivos o errores de interpretación.

Las creencias limitantes tienen, por tanto, un fuerte valor afectivo y están firmemente ancladas como sistemas de evaluación de la realidad. Así, una determinada conducta será interpretada de tal forma que valide y alimente una de las creencias preexistentes, que otorgan un motivo y propósito específico a la conducta en cuestión. Esta primera explicación es, por tanto, todo menos una valoración objetiva de la realidad y puede conducir a situaciones de desconfianza o relaciones conflictivas sobre esta única base.

Es en vista de estas cuestiones que corresponde a cada uno iniciar un verdadero trabajo interior, posible de realizar solo pero que se muestra más eficaz y más completo cuando se realiza en el marco de un acompañamiento psicoterapéutico. Además, la desregulación emocional puede ser sintomática de ciertos trastornos, de ahí la importancia de consultar cuando las emociones son demasiado intrusivas.

El objetivo de este trabajo es sacar a relucir y arrojar luz sobre las principales creencias que te condicionan en el día a día y te mantienen en algún lugar encadenado a unas lecturas limitadas de la realidad. Se trata de volver sobre el hilo de tus pensamientos y tus sentimientos sistemáticamente cuando te enfrentas a un evento que te desestabiliza y requiere que te adaptes o con una fuerte emoción.

Un ejercicio que requiere una gran introspección puede resultar difícil y por eso muchas veces se hace necesaria una mirada externa: el terapeuta se encargará de remitirte, a través del intercambio, a modos de funcionamiento que te son específicos y de los que tú eres consciente, no ver el carácter subjetivamente construido y potencialmente dañino o incluso tóxico.

El objetivo es utilizar toda la diversidad de su experiencia de la realidad para desafiar estas creencias, confrontándolas con el carácter más rico y complejo de la realidad. También te será útil entender de dónde vienen tus heridas y cómo te impactan para dejar de albergar creencias que mantienen tu sufrimiento.

Saber manejar tus emociones significa también lograr deconstruir esas creencias limitantes. Entonces podrá asociar sus emociones con su experiencia actual y su experiencia presente en lugar de hacerlo en relación con patrones que reproducen el pasado en bucle y le impiden emanciparse de él: para este propósito, el acompañamiento como parte de la terapia cognitiva conductual es muy eficaz.

Este paso es fundamental para una buena gestión emocional, ya que te permite recuperar una forma de libertad, recuperando tu libre albedrío que te animará a desarrollar la responsabilidad emocional en lugar de seguir siendo víctima de tu pasado a pesar tuyo.

• **Consejo 3: Atrévete a expresar tus emociones**
Saber controlar tus emociones pasa finalmente por expresarlas. Se trata de depositar fuera de ti, el resultado del trabajo de integración emocional realizado con anterioridad.

En el caso de que la experiencia emocional vivida solo te concierna a ti, compartirla con los que te rodean solo puede ayudarte a fortalecer tus lazos, a la vez que te permite soltar la emoción tal como llegó. Guardas, además, el fruto de lo que ella supo poner a trabajar en tu casa.

La expresión de las propias emociones contribuye a desarrollar intercambios basados en la interioridad y el (re)conocimiento íntimo del otro, y es muy importante tener en el entorno una o más relaciones basadas en este modelo. Más allá de los placeres de la interacción, te ayudarán a mantener un sistema emocional funcional y bien regulado en el día a día.

Si esta emoción o este viaje emocional se refiere a una relación con otra persona, tienes mucho que ganar compartiendo tus sentimientos... ¡pero no de todos modos!

Ya has podido trabajar en la identificación de la emoción y luego en tu emancipación frente a interpretaciones que involucran creencias limitantes y patrones cognitivos reduccionistas en relación a la complejidad de la realidad. En resumen, ahora estás sensibilizado a la experiencia de una forma de responsabilidad emocional, que implica procesar la emoción, con respecto al estado actual y una situación relacional específica sin prejuzgar necesariamente las intenciones de la otra persona involucrada.

A menudo encontramos la tendencia a atribuir a los demás acciones y reacciones cuyo objetivo específico sería dañarte o que se basan en alguna forma de malevolencia. Sin embargo, este sesgo está ligado a una interpretación errónea basada en creencias limitantes, acerca de tu propia persona, tu relación con el mundo y con los demás. Una vez que te hayas distanciado de este modo de operar y mantengas tus esfuerzos, para no tomarte sistemáticamente los caprichos de la relación como algo personal, se trata de transmitir tus sentimientos a la persona en cuestión.

El mejor método será ser lo más honesto posible, dando a la otra persona todas las claves que tú mismo tienes para entender tus emociones. También tendrás que jugar la carta del compartir emocional, que es especialmente adecuada para fortalecer un cierto nivel de intimidad, en lugar de entablar un intercambio demasiado formal: la inteligencia emocional es clave para reconstruir la comunicación dentro de la pareja.

El último peligro en esta etapa es posicionarse en la acusación en lugar de en el contexto de un intercambio que desea que sea constructivo. Procura evitar el uso del "tú" que suele ir acompañado de una afirmación cerrada y favorece la descripción de tus sentimientos respecto a las circunstancias de la relación. Enfatiza cómo te hace sentir y la expresión de necesidades profundas que necesitan ser nutridas en esta relación. Así tendrás todas las posibilidades de despertar en el otro el deseo de ajustarse más a tu funcionamiento y de encontrarte al nivel de estas necesidades. Sentirás en el otro la necesidad de preservar una relación que se volverá tanto más preciosa cuanto que ahora tienes las herramientas para evitar, malentendidos o conflictos, y por el contrario vivir lo mejor allí. Sin embargo, si sientes la necesidad de ayuda externa para promover el intercambio emocional dentro de tu relación, no dudes en acercarte a un terapeuta de pareja.

Finalmente, para gestionar tus emociones o mantener el control de tus emociones todos los días, no olvides mantenerte lo más conectado posible con tu vida emocional, respetando el ciclo de vida de la emoción. Está atento a su aparición, justo y responsable en cuanto a su interpretación, para liberarse gradualmente de su condicionamiento afectivo por un lado y evitar que regrese repetidamente o incluso de manera invasiva por otro lado y, finalmente, exprésate para completar el ciclo y emanciparte simbólicamente de la carga emocional colocándola fuera de ti después de haberla dejado pasar a través de ti.

Capítulo 14
Inteligencia emocional

Los 7 signos de una inteligencia emocional superior a la normal

Considerada como el secreto de las relaciones sanas y duraderas, pero también del éxito profesional, la inteligencia emocional tiene un impacto beneficioso en todos los ámbitos de la vida. Este manejo excepcional de las emociones es una verdadera fortaleza para las personas que desarrollan su potencial. Si es posible medir esta forma de inteligencia gracias al cociente emocional (EQ), diferentes manifestaciones también permiten observarla en la vida cotidiana. Entonces, ¿cómo se traduce en el día a día y cuáles son los signos que pueden indicar en ti (o en alguno de tus seres queridos) una inteligencia emocional particularmente desarrollada?

¿Qué es la inteligencia emocional?

La inteligencia emocional fue conceptualizada a principios de los años 90 por John Mayer y Peter Salovey quienes la definen como: "Una forma de inteligencia social que implica la capacidad de identificar no solo las propias emociones (o sentimientos) sino también las de otros individuos, así como la capacidad de discriminar entre diferentes emociones y usarlas para guiar pensamientos y acciones".

Luego fue popularizado por Daniel Goleman, un psicosociólogo estadounidense a mediados de la década de 1990. Para este último, consta de cinco habilidades que se pueden aprender a través de experiencias de vida. Así que nunca es demasiado tarde para desarrollar una fuerte inteligencia emocional.

El primer componente de la inteligencia emocional es la **autoconciencia**. Se caracteriza por la capacidad de reconocer las emociones, de percibirlas, de saber cómo te influirán las emociones y de utilizarlas sabiamente en la vida cotidiana para tomar decisiones.

Luego viene el **autocontrol**, que consiste en mantener la calma y mantener la concentración a pesar de un alto nivel de estrés o imprevistos. Implica también la capacidad de expresar tus emociones, teniendo en cuenta a la persona a la que te estás dirigiendo y el contexto en el que te estás expresando. Finalmente, el autocontrol viene a través de la comprensión de su funcionamiento emocional. Se trata de observarte, escucharte y analizar cómo reaccionas cuando te enfrentas a una situación determinada.

La **motivación interior** (permanecer decidido a realizar una acción o alcanzar una meta a pesar de los posibles obstáculos) y la **empatía social** (lograr ponerse en el lugar de alguien, entender lo que siente e identificar lo que necesita) son dos habilidades adicionales inherentes a la inteligencia emocional.

Finalmente, el último componente es el dominio de las relaciones humanas, que se refiere en particular a tu **capacidad para crear relaciones sanas y constructivas**.

La inteligencia emocional se puede evaluar utilizando una herramienta de medición llamada cociente emocional. No tiene necesariamente en cuenta las puras capacidades intelectuales sino sobre todo las facultades adaptativas, relacionales y emocionales. El EQ permite, en particular, detectar personas con un alto potencial emocional (HPE). De hecho, incluso si la inteligencia emocional es una fortaleza en sí misma, algunas personas a veces pueden sufrir una inquietante sensación de retraso, que a veces requiere el apoyo de un psicólogo.

Signos de inteligencia emocional

Hay varias señales principales que pueden ayudarte a determinar si posees inteligencia emocional:

1. Sabes identificar emociones y verbalizarlas
2. Sabes controlar tus emociones en todas las circunstancias
3. Sabes cuestionarte a ti mismo
4. Sabes cómo usar tus emociones sabiamente
5. Tienes un fino análisis emocional de las emociones de los demás.
6. Sabes gestionar las relaciones en el trabajo.
7. Sabes Cuidarte

- **Signo n°1: Sabes identificar emociones y verbalizarlas**

En primer lugar, tienes un alto cociente emocional si eres capaz de reconocer, identificar tus emociones y verbalizarlas con precisión.

El aprendizaje de la inteligencia emocional comienza con la identificación de sus emociones. Sin embargo, es bastante común ignorarlas. De hecho, la consideración de la inteligencia emocional en la educación es reciente, lo que significa que muchas personas no han tenido la oportunidad de evolucionar en un entorno donde las emociones tenían espacio para expresarse.

Generalmente, para reconocer tus emociones para acogerlas y vivirlas, puedes hacerte preguntas cada vez que sientes una emoción como "¿La emoción es agradable? o "¿Cuál es la energía asociada con esta emoción?" que te ayuda a identificarlas.

Si hay cuatro emociones principales (alegría, tristeza, ira y miedo), hay varias formas de interpretarlas y verbalizarlas. Gracias a la observación de tus emociones, sabes identificarlas y expresarlas con precisión.

Tener un vocabulario emocional para nombrar tus emociones más allá del miedo, la ira, la tristeza y la alegría es importante para experimentarlas y manejarlas. Marc Brackett explica que cuanto más especifiques tu emoción, más podrás ser consciente de ella y, por lo tanto, controlarla.

También fomenta una comunicación más auténtica y honesta, tanto contigo mismo como con los demás. La detección de su intensidad también ayuda a la precisión de tus palabras sobre tus sentimientos y así te permite abrirte a una mayor paleta emocional. Por ejemplo, ante una situación dada, sabes expresar un profundo enfado, dolor o frustración. Así, el sentimiento de frustración viene a concretar y comunicar información más importante y relevante en cuanto a lo que tendrás que poner en marcha para gestionar esta emoción, más que la ira que sigue siendo una de las principales emociones y por tanto más general y menos precisa.

La inteligencia emocional te permite expresar lo que sientes, lo que piensas, lo que necesitas, sin miedo y sin sentirte culpable: te afirmas con amabilidad y respeto.

Comprender mejor cómo vives con tus emociones te permite identificar emociones ocultas y evitar tener emociones parasitarias, también llamadas "extorsión emocional".

La emoción chantajeada es la sustitución de una emoción por otra: el hecho de tener una emoción que no sería "lógico" tener en relación a una circunstancia. Por ejemplo, si te sientes enojado por algo que te han dicho o temes las consecuencias de tomar una decisión, te sientes triste en lugar de sentirte enojado y temeroso.

- **Signo n°2: Sabes controlar tus emociones en todas las circunstancias**

Tener un alto cociente emocional también significa saber expresarse sin estar completamente abrumado por sus emociones, teniendo en cuenta el contexto en el que se encuentra y la persona con la que está tratando. Eres plenamente consciente de lo que dices o haces y de las consecuencias de tus palabras y tus acciones.

Para desarrollar esta gran inteligencia emocional, también has aprendido a controlar tus emociones, es decir, a asegurarte de no ceder a lo que sientes, a cierta impulsividad que podría llevarte a tomar malas decisiones. De hecho, a veces la invasión emocional es tal que uno puede literalmente perder el control y tener pensamientos y acciones que no son muy conscientes y, por lo tanto, irracionales.

El objetivo de este buen autocontrol es poder reaccionar de manera adecuada, sin dejarse sorprender por sus emociones hasta el punto de ceder a ellas y sin recurrir a automatismos cuyas consecuencias pueden ser perjudiciales para usted o para los que le rodean: discusiones, arrebatos de ira, celos excesivos ...

Este dominio pasa, como hemos visto anteriormente, por una clara identificación y verbalización, pero también por una clara comprensión. Porque entender tus afectos es una habilidad emocional que dominas. Se encuentra en esta pregunta: "¿Por qué me siento así? y usted puede responder fácilmente. En efecto, cuando intentas analizar por qué apareció la emoción que sientes, a veces te preguntas claramente sobre el evento que la desencadenó: "¿Qué pasó?", "¿Qué reacción tuve?" o "¿Qué recuerdo trae a colación esta emoción?".

Además, las personas emocionalmente inteligentes podrán adaptarse con mayor facilidad a las situaciones y gestionar eventos dolorosos en sus vidas: separación, muerte, trauma, etc.

* **Signo n°3: Sabes cuestionarte a ti mismo**
La inteligencia emocional también se demuestra en tu capacidad de analizarte a ti mismo para dar un paso atrás y resaltar tus fortalezas y áreas de mejora, para seguir progresando y mejorar tu calidad de vida, tus relaciones contigo mismo y con los demás.

Esta excelente aptitud para el autoanálisis está relacionada con su fuerte autoconciencia. En efecto, ser consciente de sí mismo significa también conocer tus gustos, tus preferencias, lo que quieres o no quieres en tu vida, tus puntos fuertes y tus límites. También sabes lo que te motiva o no, y evitas derrochar energías en un objetivo que a tus ojos no merece la pena.

Con una autoconciencia tan desarrollada, sabe cómo cuestionarse fácilmente para ajustar lo que necesita ser ajustado. Gracias a esta facultad, también eres capaz de conocerte a ti mismo profundamente, de definir lo que necesitas para alcanzar tus metas y cumplir tus deseos porque sabes transformar tu emoción en necesidad.

- **Signo n°4: Sabes usar tus emociones sabiamente**

Aprender a gestionar tus emociones a través del prisma de la inteligencia emocional implica también expresarlas en el momento adecuado, es decir, según el contexto y las personas con las que interactúas: dominas las consecuencias de tus palabras y acciones sobre ti y sobre los demás.

Si a menudo se aconseja no tomar nunca decisiones bajo la influencia de las propias emociones, es porque ceder a la propia impulsividad no permite tomar decisiones informadas, es decir, conociendo y dominando todo lo que está en juego en esta decisión. La inteligencia emocional permite, a través de la comprensión de las emociones, utilizar la información que envían para tomar decisiones más informadas.

Gracias a la gestión emocional que haces de tus afectos (identificación, comprensión y dominio), regulas tu nivel de estrés de forma natural. De hecho, la inteligencia emocional permite adaptarse mejor a las situaciones, a las personas y, por lo tanto, mostrar flexibilidad, pero también anticipación.

Tu excelente regulación emocional te ayuda a aceptar las emociones que sientes y a gestionarlas de forma que alcances tus objetivos respetándote a ti mismo, pero cuidando también a los que te rodean.

- **Signo n°5: Tienes un fino análisis emocional de las emociones de los demás**

La inteligencia emocional tiene una dimensión personal al comprender tus emociones, pero también una dimensión social al tener en cuenta las emociones de quienes te rodean. Al cultivar una fuerte inteligencia emocional, mejora la calidad de sus interacciones con los demás, porque es consciente de lo que dice y de lo que hace. Así, el impacto de tus acciones está controlado.

La empatía es la base de la inteligencia emocional. Se materializa en ti por tu capacidad de anticiparte a las reacciones de tus interlocutores: sabes decodificar tus emociones, pero también las de los demás, lo que te permite adaptarte más fácilmente que una persona que no posee esta inteligencia emocional.

Por lo tanto, ser empático también significa tener un interés real en los demás. Esto ayuda a desarrollar relaciones sociales, profesionales y afectivas armoniosas. Por ejemplo, en una relación de pareja, este control puede expresarse en la resolución de conflictos, por un intercambio mutuo de emociones y la consideración de las singularidades de cada uno: por lo tanto, muy raramente encuentras problemas de comunicación.

- **Signo n°6: Sabes gestionar las relaciones en el trabajo**

La inteligencia emocional, ahora reconocida como una forma de inteligencia por derecho propio, es la base de las relaciones saludables. Mucho más que un concepto que permite una mejor gestión de las emociones, permite a las personas que lo manifiestan desarrollar habilidades personales, cada vez más demandadas en el ámbito profesional.

En el ámbito laboral, este dominio es fundamental porque permite crear una dinámica de grupo positiva que permitirá que todos se desarrollen y florezcan. Gracias a la buena gestión de las relaciones humanas en el trabajo, logrará, por ejemplo, convencer, persuadir a sus empleados, pero también inspirarlos: en resumen, ¡estas son todas las habilidades de un excelente gerente o líder!

Además, la inteligencia emocional también permite anticiparse a las necesidades de los demás, lo que puede ser una verdadera ventaja en este contexto, por ejemplo, como tienes empatía, sabes cómo satisfacer las necesidades de tus empleados y orientarlos hacia actividades que les aporten satisfacción y valor añadido.

- **Signo n°7: Te cuidas**

Beneficiarse de una inteligencia emocional te permite cuidarte en todas las circunstancias. Primero, saber negarse y decir no, lo que requiere control y autoafirmación. Al hacerlo, evitas situaciones de estrés, desgaste y sobrecarga emocional.

Al permitirte escucharte a ti mismo y las emociones de los demás, se fomenta la expresión emocional. De esta manera, no reprimes tus afectos y así evitas aumentar tu ansiedad. También evitas desarrollar enfermedades psicosomáticas que pueden ser causadas por emociones reprimidas. En efecto, como hemos visto, controlar las emociones no significa silenciarlas o sofocarlas porque reprimirlas tiene consecuencias para la salud: dolores físicos inexplicables o trastornos del sueño son algunas de las formas en que el cuerpo se expresa cuando las emociones son negadas.

Asimismo, conoces los ambientes que son saludables y propicios para tu bienestar y realización. Tu experiencia de vida te ha permitido aprender lecciones para gestionar mejor lo que sientes y no dejarte obstaculizar más. Por eso sabes mantener a distancia a las personas tóxicas: tu fina percepción de las emociones y tu autocontrol evitan que sacudan tus defectos emocionales. Sabe cómo mantener alejados a los manipuladores para mantener la positividad, la falta de juicio y la mentalidad abierta en su círculo cercano.

La inteligencia emocional te permite desarrollar y nutrir tu amor propio, tu autoestima y por lo tanto, mejora tu confianza en ti mismo. Tienes la capacidad de hablar contigo mismo internamente y gracias a tu EQ, te conoces mejor y sabes cómo mirarte con benevolencia. Como resultado, rara vez tienes pensamientos negativos sobre ti mismo, y la libertad de la culpa está fácilmente disponible para ti.

Por último, eres consciente de que cuidarte también implica necesidades básicas que hay que cubrir: intentas mantener un sueño de calidad, cuidas tu alimentación y te preocupas por tu cuerpo, en particular por la práctica de una actividad deportiva. Pero más allá de la apariencia, se trata sobre todo de bienestar y no dudes si es necesario en utilizar medios externos para lograrlo, por ejemplo, practicando la meditación o llamando a un terapeuta.

A retener

Si para algunas personas es una habilidad innata, la inteligencia emocional sigue siendo desconocida para la mayoría de las personas. Esto es bastante normal ya que la importancia de esta forma de inteligencia se ha tenido en cuenta en los modelos educativos solo muy recientemente. No obstante, la inteligencia emocional sigue siendo perfectamente accesible desde que se aprende. Además, saber manejar las propias emociones, controlarse, desarrollar una buena inteligencia trae muchos beneficios en la vida cotidiana.

Sin embargo, aprender a conectarse con las propias emociones no siempre es fácil, especialmente si los traumas marcan el curso de la vida. Es por esto que en ocasiones puede ser necesario iniciar una terapia para tratar en profundidad los elementos que no te permiten liberarte emocionalmente, ser responsable de tus emociones y desarrollar esa inteligencia, que sin embargo garantiza una vida emocional y profesional floreciente.

######